# 我的孩子不太乖

鍾滿振 著

從幫派小孩到正向管教特優老師教你

## 陪伴刺蝟少年走過青春期

1

## 教學篇：學習如何學習　22

知識上架，學習最有效率。
當問題產生後，啟動孩子主動去追求更多的知識，這就是知識上架的功能。

# 2

## 衝突篇：孩子闖禍了，該怎麼處理？ 104

孩子闖了禍，我會採用「停、看、聽」三個步驟。
停——面對孩子。看——找出孩子想要傳達的訊息。聽——聽孩子說。

# 3

# 成長篇：陪伴沒有距離



師生之間不只是單行道，而是雙向道，有來有往。
孩子的成長只有一次，家長的陪伴是協助孩子邁向成功之路最重要的基石。

前言

# 走上教學這條路

小時候很窮，乙級貧戶，學費全免，上學是逃避農事的最好藉口。

國中讀書時，成群結黨，混跡幫派，鬥毆傷人，被羈押在看守所。

兒時成長陪伴的是誇大自卑、好逸惡勞、說遠勝於做的負面評價。

逆境的人生，超越了不及格，走對的路，找到了屬於自己的幸福。

現在的我，是一位老師。

現在的我，擁有幸福。

因為堅持，得以超越逆境。

從別人口中的「不」，創造許多的「可能」。

## 童年時光

我的家庭成員很多，爸爸、媽媽、三個哥哥、二個姊姊、一個弟弟；房子很小，一家九口，住在土角厝裡。家裡的客廳、餐桌與廚房都在同一個空間，一坪大的小浴室以及只有一張大床的房間，室內不到十坪。每逢下雨，老舊而簡陋的土角厝屋頂就會漏水。接水的容器，滴滴答答的，仍然無法阻絕雨水的滲透，屋內地面積水而泥濘。

屋裡除了餐桌上的那一盞電燈外，無其他電器用品。洗澡，用柴火燒水；餐桌上有地瓜葉、番薯粥，就算是豐盛了。

五歲的那一年，爸爸年輕時在金門當兵的同梯陳叔叔到家裡來，家族從事命理研究的他，自稱具有超過一甲子的功力，可以幫人卜卦論命，助人消災解惑。當時的我正在菜園裡清理雜草，意外成了陳叔叔向眾人吹噓神力的實驗品。

他拉著我，左看看，右瞧瞧；東摸摸，西壓壓；問了我母親一些問題之後，掐指一算，提出了斷言：「這個小孩天生命薄，三十歲之前會受很多的苦，而且活不過三十歲。」

這些令人震驚的話語，在當時民風純樸的鄉下，陳叔叔成功地成為大家注目的焦點。鄰居們為了自己及家人的健康，紛紛花錢請他消災解厄；但我的父母實在沒有多餘的錢，為我消除他所謂的業障。

童年時期，我不喜歡自己，不喜歡家庭，不喜歡親人。五歲時神棍所說的一席話，折磨我每晚不安的心，直到清晨的陽光再度升起，我又多活了一天。可是這一天跟先前的每一天都一樣，有做不完的農事和家事，當同齡孩子在遊玩嬉戲的時候，我必須工作；當工作結束想找他們玩時，太陽已經下山，鄰居友伴也都各自回家了。

我的童年時光就是在這樣埋怨、不安的日子渡過，家庭除了提供遮風避雨的處所與不致挨餓的三餐外，沒有帶給我絲毫的快樂與幸福感。每天重複的是無窮盡的勞務，和父母親不斷的爭吵。兒時的我內心經常吶喊著：「我受夠了！我受夠了！我不想活了。」自怨自艾，重複枯燥的生活過了幾年，不知是麻痺了，還是認命了，或者是習慣了。

直到七歲，小學入學通知單送到家裡，我的生活才有了轉變。

## 我的志願

國小二年級，有一次的作文題目是「我的志願」。我寫下了想要當老師的目標。我滿懷希望的用雙手將作文本交給老師，當時幼小的心靈天真以為只要得到老師肯定的答案，長大之後就可以當老師了。殷切期盼加上急性子，下課後第一件事就是衝進老師的辦公室：「報告！老師，你作文改完了嗎？」

剛開始的一、兩節課，老師還會稱讚我：「很棒喲！這麼積極，你寫的志願很值得期待喔。」

老師的讚許讓我帶著喜悅，邊走邊跳的離開辦公室。

下午第一節下課，依舊去辦公室報到，才剛喊「報告」，或許是老師心情不好，或是對我緊迫盯人的行為感到厭煩，老師忽然情緒大爆發，用極不耐煩的口吻對我大聲斥責：「你煩不煩，改好了就會拿給你。你馬上回教室，不准再來問作文改好沒。」

當下我只覺得惹老師生氣了，除了有些害怕外，並沒有特別的感覺；下課和同學一起打彈珠、玩鬧嬉笑，不安的情緒很快就過了。

隔天我仍然想去問老師作文改好沒，下課又跑到辦公室，但不敢進去。直到第六節下課，實在忍不住了，眼看辦公室四下無人，而作文本正好就在我的視線範圍內，這誘惑實在太大了；我快步跑到老師的桌前，找到自己的作文本，還來不及打開，我的小手就被另外一隻大手牢牢的抓住；被老師逮個正著，屁股挨了幾個板子後，我還是沒有得到答案。

等待的日子真的很難挨，焦躁的情緒終於在三天後得到答案；老師發作文本了！一想到我將要成為老師，心情就好興奮。手略略抖著打開作文本，映入眼簾的是，紅色墨水寫下的大字：「當老師，憑你，不可能！」

期待愈久，失望愈大，我跌坐在椅子上，腦袋一片空白，久久不能回復。

年少的老師夢，就在無人了解的哭泣中，從此埋葬在內心深處。

無法釋懷的挫折，開啟了我在放牛班的求學歷程。

## 放牛班沒有養牛

杉林鄉位處偏遠，鄉內六所小學的畢業生，除了少數富裕家庭會將孩子送到升學率高的旗山國中或美濃國中，百分之九十五的孩子都就讀上平村的杉林國中。同學們上學的方式不外乎是家長接送、騎腳踏車或坐公車；但我無法享受這些輕鬆的上學模式，因為家很窮，買不起腳踏車；父母為了三餐，早出晚歸，也無法接送我，更沒有多餘的錢讓我坐公車；所以我上學的代步工具是兩隻腳。升上國中之後，我每天必須要走兩個小時的路程才能到學校。

我只能走路上學，儘管已經很早出門，仍然趕不上學校七點三十分的升旗；遲到罰站就成為每天必備的課表之一。罰站在導師辦公室外的走廊，面對經過同學的指指點點，我頭低低的，剛開始會覺得不好意思，慢慢的就習慣了；可怕的是，自卑感引起了自大狂，我常常以英雄自居。錯誤的觀念與行為舉止，並不全然是我的錯，沒有同情心的老師們不僅不開導我，反而常常責備我不知羞恥，科任老師會奚落導師怎麼這麼倒楣，班上有這種壞學生。導師總是無奈的回說：「我們放牛班多的是這種爛牛，只是這頭牛比較笨。」

我曾試著提起精神，專注的聽課，但就是無法理解。上課空想發呆的日子實在太難過，為了尋找出口，我鼓起勇氣走到辦公室；導師在改作業，低著頭問我有什麼事。我深吸一口氣，中氣十足的說：「老師上課的內容，我都有在聽，為什麼還是聽不懂？」

原本低頭做事的老師們聽到了問話，紛紛抬起頭，面帶訝異地看著我；導師看到其他老師的強烈反應，似乎是面子掛不住，還是有其他的原因，我不知道。

他用手拍打桌子，聲響極大，震驚全場，隨後站起來指著我，很生氣地大聲說：「那是你的問題，不是我的問題，你的程度那麼差，你要是聽得懂，天空就會下紅雨了。」

我說錯話了嗎？為什麼老師們反應這麼激烈，我想讀書，可是我上課真的聽不懂。被導師這麼嚴厲指責，我的眼淚不由自主的掉了下來，帶著沮喪的心情離開了導師室。

同學的取笑、導師的誤解，讓我無法待在學校了。

我需要一個避風港，需要有人開導時，看到學校中庭貼著一張大海報：「孩子，你有任何困難嗎？來輔導室，輔導老師都可以幫你解決。」

於是我淚流滿面、雙眼無神的走進了輔導室。

輔導室的老師笑著對我說：「放牛班的孩子，這裡沒有牛可以放，你來有什麼事？」

或許輔導老師是想緩和緊繃的氣氛，可以當下我聽來卻是極大的不舒服。

我是放牛班的壞學生！

我哭著又跑回班上，沒人理我，在不知何去何從的情況下，我選擇揹著書包，爬牆離開了學校。

隔天輔導老師並沒有來找我，但我卻因為翻牆不假外出，被記一隻大過。

當時，我心中在吶喊：「為什麼放牛班的孩子，就沒有正常受教育的權利？」

這次的挫敗，讓我對老師的恨一天一天地加深。

每天上學遲到被罰站，上課又聽不懂，空虛、無聊加上英雄主義作祟，在同學的慫恿之下，開始捉弄老師——在老師寫黑板時，用紙團丟老師、在考試卷上寫罵老師的話、把老師的腳踏車輪胎放氣……等等惡劣的行止；目的只有一個，就是希望老師把我趕出校門。

每次的無理取鬧之後，總都能達成目的，讓老師開口說出：「給我滾。」我就拿起書包，離開教室，還不忘和老師道再見。看守校門的管理伯伯每天目睹這種情境，也都習慣麻痺了，任由我正大光明地離開學校。

被老師趕出校門不敢回家，離校時間愈長，回頭的路也愈來愈遠。被學校放棄的學生，到校、離校，只要不影響同學，老師也懶得管；在當時學校無通報系統的狀況下，務農忙碌的家人根本不知道我在外面的行為。

在學校不管，家裡也管不到的當下，茫然的我尋找另一項精神寄託，成群結黨，加入幫派，每天與一群志同道合的「同學兄弟」聚在一起，到河裡抓魚，偷台糖的甘蔗，成了消磨時間與發洩情緒的最佳去處。

夜路走多了，終於碰到鬼！

在一次幫派械鬥中，因為砍傷對方，重傷害加上現行犯的刑責，警察把我關了起來。

## 轉角的向陽

灰暗的年少時期在跌跌撞撞中消逝。

導師到看守所探望我，並建議我去報考中正預校。老師說他會幫我出報名的費用，考完還會請我去吃美食。十五年來，我從未離開家鄉，沒坐過公車，沒進過電影院，想到可以坐車到鳳山玩，還可以吃到作夢才能享受的鹽酥雞和冰淇淋，我一口答應。

這是我人生重要的轉折點，開始了一個全新的自我。

從中正預校到政戰學校，七年的軍校教育，沒有自由，沒有自我，長官常常掛在嘴邊的是：「合理的要求是訓練，不合理的訓練是磨練。」嚴格的軍事化教育，一個口令一個動作，制式化作息的枯燥生活，我找不到人可以分享喜怒哀樂。

早已被父母放棄的我，孤單成長，就像一個斷了線的風箏，不曉得躲在被窩裡哭過多少回。時間過了，成年了，在我的內心深處，也刻印成永難抹滅的痕跡。

挫折考驗毅力。三軍八校聯合畢業典禮的浩大軍容，當國防部部長在我肩膀佩戴上中尉官階，期勉我們要當國軍的清流，社會的中流砥柱時，我哭了，這次和先前都不一樣，是開心的哭了。我從不敢奢望，曾經待過看守所的我，有朝一日可以擁有大學學歷。

## 是命還是運

分發部隊的第一個服務單位是國防醫學院。同學們都羨慕我，可以到國軍的第一學府工作，真是前輩子燒好香。可是我的內心卻高興不起來，腦海揮之不去的是，五歲時算命先生鐵口直斷的一席話：「三十歲前有劫數，命會休去。」畢業抽籤，籤運極佳，是苦盡甘來呢？還是命會休去的迴光返照？是喜，也是憂。

八年的軍旅服務，我努力把握我僅有的生命，做好份內的事，嘉獎、記功、獎章不少，官拜少校，官運如日中天之時，我還活著。當時的我相信，人雖然不可以和天鬥，但是可以勇敢的為自己爭，我選擇了急流勇退，重考大學，只為了一圓長久以來的老師夢。

退伍之後，我不放棄任何一個可以學習的機會，每天工作近十二個小時，領到的是二萬二的薪酬；此時的身分、地位、待遇與福利等種種，和之前的少校職階，落差太大，但這是我的選擇，沒有後悔的權利。

經過二年的堅持，我已邁入壯年，靠著二分的自助、三分的天助與五分的人助，在職進修，考取了當時錄取率僅百分之一的高雄師範大學工業科技教育學系資訊技術組。

努力加上幸運，終於讓我踏上教師夢想之路的起點。

## 當老師！憑我，可能

三十五歲時，我順利從高師大畢業，實習結束後，取得合格教師的資格。當老師的願望已近在眼前，原本以為就此可以擺脫陰霾，朝夢想前進。人算不如天算，在僧多粥少的情況下，流浪穿梭在全省教師甄試的場合中，卻兵敗如山倒，時間和金錢花了不少，卻連一間學校都沒考上。

有信心不一定會成功，但沒有信心就一定會失敗。多少艱困的日子，都已平安走過，剩下最後一步，沒理由放棄。我相信，只要堅持、不放棄就一定有機會。

三十六歲時，我終於追夢成功，如願成為一個正港的老師。雖然只是電腦科代理老師，但是對我而言，能走到這裡，我的堅持已有成果。

台北市立天母國中老師是我為人師表的第一份工作，面對一群有幸蒙受父母眷顧的天之驕子，我深刻地感受到，有父母疼愛的孩子真是幸福。兩年代理代課的教師生涯很快就過去了。

三十八歲那年，我參加台北縣教師獨立甄選。從初試、試教、口試，幸運的從八十三位教師同業中脫穎而出，考取了公立國中老師，夢想達成，從此開始承擔春風化雨的重責大任。

四十多年來的求學與生活歷程裡，我深刻體認到，國中的求學階段，將對學生的一輩子造成重大影響。國中是孩子開始建立自我想法的時期，此時的他們就像是一張白紙，如果家長與老師不盡力了解孩子在想什麼，也不引導孩子面對事情時該如何思考、該怎麼說、該做什麼；那麼，孩子們便很容易接受外在的不當誘惑，失去建立正向、健康價值觀的機會。即使將來豐衣足食，可能也不懂得如何活得健康快樂、如何處理自己的情緒、如何在逆境中尋求內心安定的力量、甚至不懂得處理最基本的人際關係。

青少年所面臨的叛逆期，好像很糟糕不好管教，其實這是一個轉變，我稱之為「品格塑型期」；而處理自主性比較高孩子問題，就好比籃球比賽，帶球進攻時，面對前方嚴陣以待的對手，可以選擇往前衝，導致兩敗俱傷；也可以選擇退後一步，空間變大了，跳投、切入、助攻，選擇變多了，得分的機會也增加了。

一個好老師、好環境、好班級，不僅可以造就一個有成就的孩子，無形中也可以促進孩子的家庭幸福。老師的責任如此重大，必須竭盡全力幫助孩子開發他們未知的潛能，讓隱藏在他們生命中的能量，如同打開藏寶盒一般，使其中的珠玉珍寶重見天日，向世界閃耀光芒。

# 一、教學篇

## 學習如何學習

知識上架，學習最有效率。孩子學習成長的關鍵不在花了多少時間讀書，而是所讀過的知識，是否可以產生連鎖反應，並對它發出問題；當問題產生後，啟動孩子主動去追求更多的知識，這就是知識上架的功能。

學生聽課一個階段之後（通常是五分鐘），思考一下，把所聽所學的內容內化成自己的語言，寫在筆記本。老師們上課時，除了課程段落分明外，最好授課五分鐘後，讓學生思考、內化並記錄。家長每天閱讀學生的筆記，不僅是對孩子正向的支持，也可以明瞭孩子今日所學，並和孩子一起成長。

# 不一樣的學校

二〇〇四年七月，我報名台北縣聯合教師甄選和台北縣立豐珠國民中小學的獨立教師甄試，幸運錄取了豐珠學校的獨立招考。此時，我總算完成心願，成為國中數學的專任老師。

那年，我三十八歲，終於達成十歲時所立下的目標——我要當老師。

## 新學校、新體制、新體驗

報到就職當天，車過雙溪，隨即轉進產業道路和田埂，曲折的道路綿延約五公里後，終於來到一座歐式建築風格的莊園。厚重的電動鐵門緩緩打開，映入眼簾是一個令人驚奇的世外桃源。

這是一所袖珍、雅致、溫馨、充滿人性關懷的特殊學校，校地面積約半公頃（大約是台北小巨蛋的四分之一），座落於澳底與雙溪之間的小山丘上，環境清幽。這個景觀好、空氣清新的小山頭，當地人稱它為雞母嶺。

車子駛進校門後，右邊是一個小型的停車場，前來引領的校長帶我們走過了一座小橋。

李校長說：「豐珠的校徽是以蛻變的蝴蝶為圖騰，每一個到校安置的孩子，進校的第一件事就是走過蝴蝶橋；象徵著揚棄陋習，化蛹成蝶，舞動著愛心、耐心、信心、恆心的翅膀，展翅飛揚，重返淳樸自由的大地。」

豐珠中學經過三年的規劃籌建，二〇〇四開始執行安置學生的任務。安置於此的學生，大多是因案被查獲而需受保護的孩子。這些孩子沒來到豐珠之前，長期過著日夜顛倒的頹靡生活，不但沒能好好就學，虛擲寶貴的少年時光，導致身體健康也不佳。這些孩子成長的過程中，都曾遭受過環境的負向拉力，部分孩子甚至曾加入幫派，吸菸、喝酒、逃學、逃家更是家常便飯。在這樣情境下成長的孩子，每個人都是自己人生故事中的主角。

這類孩子存在的反社會型人格，歸咎原因，包含原生家庭功能不彰、父母管教失當、學校生活挫敗與身心受到傷害等；這些因素迫使孩子在生活適應上屢遭挫敗，繼而引發焦慮、困惑、無助、孤獨、墮落等情緒反應，因而衍生退縮、抗拒、疏離、叛逆等偏差行為。學校為了滿足孩子的特殊需求，建構了一個安全、溫暖、友善的住宿型教育家庭，以「感恩、尊嚴、希望」為願景，並以適性多元的輔導措施，輔以專業的檢核機制，逐步帶領孩子重新檢視生命歷程，以修復創傷的身心與尊嚴的自信。學校雖不大，但視野很廣，可安置的人數不多，但設備齊全。

這是一所全新的山林學校，採用的課程教學與管教模式也是獨一無二。第一批開路先鋒的我，報到當天，偌大的校園除了教職員工外，還沒有任何學生。全校一共有十六位老師，除了負責先前籌備工作的校長和主任，對學校的特性與發展方向比較了解外，其餘的成員都是新進教師。

為方便管理與照顧學生，豐珠採全體學生都住校的政策。所以除了白天上課，孩子們放學後的夜晚，都必須安排老師陪伴；加上安置的學生們身體健康方面或多或少有一些狀況，所以老師時常要帶學生外出看醫生，也都要擔心孩子是否會藉機逃跑；也就是說老師們二十四小時都得隨時待命。

因為這些孩子的特殊性，全校教職員工在「課程活動規劃」、「安置輔導機制」與「轉銜回歸措施」各個層面上，如臨深淵、如履薄冰般兢兢業業的投入工作，雖然很辛苦，但也很充實。

我很清楚，學生的背景與過去不是我可以決定的，但孩子的未來與幸福，可能就掌握在我的手中，面對這個使命，肩上的責任沉重了許多。

## 設計課程讓孩子重新認識自己

被送到豐珠的孩子，原生家庭大都已經失去教養的功能，除非經過學校開會評估，孩子沒有逃跑的疑慮，而家長也願意接送，否則假日還是一律留校學習。為了陪伴這些特殊孩子成長，豐珠有別於傳統學校，分別為孩子規劃多元且實用的課程，其中包括回歸一般學校做準備的「基本學科課程」；強調體驗、自省與實踐的

「輔導與主題課程」；為滿足孩子的升學與就業需求，提供以證照取得為目標的「技藝與職業試探課程」；因應孩子裁定入校安置後，三百六十五天住校生活所開設的「假期學校課程」。凡此種種，均在藉由多元的開放課程，設計有趣無負擔的讀書情境，提供學習機會，增進孩子的自信與希望，以輔助孩子自我創化、自我更新。

每週四的教學研究會中，學校的所有教職夥伴，包含老師、社工、輔導員、廚房阿姨、甚至是工友，無不絞盡腦汁為下一週的課程討論研擬，我們真的希望中途學校不只是讓中輟學生在隔離的環境中，獲得國中畢業文憑的地方，應是真正為中輟學生的教育需要而設計相關的課程。

課程規劃設計完整之後，又該如何讓學生真正吸收，這一大難題也考驗著我們；在這裡的學生是完全被動的接受，因為連孩子本身也不清楚自己要什麼，想學什麼，他們滿腦子想的是校外朋友與以前生活。學生沒有學習的動力，站上台上的老師，對於該教什麼、如何教這些孩子，也沒有確切的想法。因為這一個領域是學校沒教的知識，如果是教導一般的國中學生，全台有很多經驗豐富的老師可以參考，當老師之前的教師養成教育或實習，也都會有所經歷。可是豐珠的學生，國中八年級，數學程度不會九九乘法運算的佔了八成；即使會簡單的四則運算，也因為中輟的時間過長，在課堂上讀書似乎已經離他們太遠。而數學為科學之母，數學一竅不通，其他科目也都是零零落落。

老師們上課講笑話是可以引起動機的一個方式，但是往往笑話講完了，獨角戲的授課模式就開始上演，學生覺得無趣，老師覺得無奈也沒有成就感；即便如此，我們也沒有放棄，因為從零開始，就只有前進不會有後退。在沒有進度的壓力下，老師們大膽的以遊戲方式來替代封閉的單行道，讓多元化的課程活動，協助孩子自我更新。

沒有前例就找文獻，這是我在研究所學習到的方法；最後終於在美國選替教育機構課程與教學的實施中，發現了十分有趣而且實用的教材教法。意外的發現，讓我們這群新進教師士氣大振，擔任召集人的我與負責老師挑燈夜戰，討論設計出的課程活動規劃，效果好的讓學生都不想下課。

**首先，我們將上課時間彈性化。把原本一節四十五分鐘的課程，以五分鐘為一個單位，二、二、二、三，分成四分；也就是十分鐘上課、十分鐘遊戲、十分鐘的**

**成就測驗、十五分鐘分享討論**。其中的成就測驗，以學生最喜歡的動漫為主題，由淺入深的編序，讓孩子可以在輕鬆自在的心情下，不僅培養了閱讀的能力，還學會課堂上的知識。而最後的分享討論，目的是訓練學生在台上的儀態與談吐；孩子從開始的不安到習慣，能掌握所知、所思、所學，如此的設計完全可以達到加深加廣的成效。

**第二步，把課程的內容生活化**。設計領域廊道、闖關遊戲、情境布置、每日一問與師生塗鴉對話區，把教室擴大到校園各個角落。

在生活中，潛移默化學生的氣質與增進基本學能。學習沒有壓力是很棒的酵素，能力自然發酵成長。

而塗鴉對話區，不僅是師生自我檢討的鏡子，也是政策修訂的重要依循。塗鴉對話區每天都有一個主題，師生可以毫無負擔地發表自己的想法，只要不漫罵、不做人身攻擊，或寫或畫，任何意見都可以被接受。

一直到晚上十二點鐘，負責的老師才會將它拍照留作記錄，並且重新擦拭乾淨，寫出明天的主題。

最後實施的是多元化教學，結合語文領域的課程，在特定的主題中，針對所看到生活記憶，編織分享一個故事，並分派角色把它演出來。當孩子在表演分飾角色時，老師會全程錄影，並且於結束之後，重播影片，請同學互相討論，發表心得。目的是要讓每一個孩子看到自己的自信，並學習大架構的統整能力。

在豐珠的學習，做完不是重點，而是要讓孩子知道自己在做什麼，學會了什麼能力。

## 啟動孩子的追夢動力

籌備三個多月後，十二月下旬，陸續有學生被轉介到豐珠安置。我懷著忐忑不安的心，主觀的認為，這些孩子學習成就低、缺乏自信心、以叛逆性格來面對現實與家庭，他們自我否定心理應該十分強烈，可能有很多偏離常軌的叛逆行為。直到和他們相處一段時間後，才對這群被忽略於社會角落的弱勢學生，有更多了解。

在第一線的教學現場，我深深的體會到，在負面標籤和遭受性侵害的陰影下，他們被迫以青澀的年紀，獨立面對生活的各種困境、失落與憂傷。然而他們內心深處不過是個孩子，就像一般學生一樣，需要被關心與鼓勵，也同樣思考著生命的價值與未來。

所謂「自信樂觀的人，自己給自己生機」、「不怕路遠、只怕志短」。為提升孩子的自我價值，型塑健康積極的生活態度，豐珠為學生準備的安置輔導機制，由導師、認輔教師、社工人員、護士及輔導老師，共同成立個案輔導小組；針對每一個安置的孩子擬定個別化輔導處理計畫。目的是要促進孩子自我發展，引導學生學習規劃自己的生活型態，教導孩子什麼是尊重、如何愛人與如何保護自己。

而在「轉銜回歸措施」的部分，自孩子走過蝴蝶橋的那一刻起，學校即為孩子的轉銜回歸預作準備，除了注重學科及技能的學習外，更留意孩子人格的重塑，引導孩子重新認識自我、發展自我、肯定自我，並學習與他人維持良好的互動，經由師長細心、耐心的照顧與引導下，讓孩子重拾自尊，懂得感恩，活得有尊嚴、有希望，在未來轉銜回歸學校或社會時，能過正常、充實、愉悅又有意義的生活。

## 鍾老師教室

**明白孩子的需要**遠比給孩子家長所認為的重要，來得更有價值。我在《非典型人生建言》一書中看到這句話：「人生有時候多花些時間繞遠路並不是一種浪費，因為唯有如此，你才能享受到與眾不同的風景。」

我認為走對的路比選好的路走有價值。每一個學生都有其獨特的特質，導師在學校教育中一直佔有舉足輕重的地位。

在大學以前，全班學生都集中在同一教室上課，導師天天都和學生接觸，互動也多；而導師的角色就像褓母，不僅要關心學生的功課，也要管教每一個學生的行為，避免他們誤入歧途。

教學是一種科學，有其理論基礎與系統研究之範疇；它更是一種藝術，需要以智慧及經驗靈活運用。

如何營造優良的班級氣氛，教導學生邁向全人格成長，使其成為獨立成熟的「人」，是每一位教師責無旁貸的任務。

人才像舞者要有舞台，才有發揮的機會，選擇別人不願意做的事，盡力做到最好，就會得到加乘的成果。

當你做「對」一些事情，這些事情將伴隨著許多良善的能量而來，會繼續推著你往更好的地方去。只要持續堅持下去，這股良善會慢慢變成圍繞在身邊的正向力，包覆著你，令你擁有更多的支撐力道，前往正向循環的路上而去。

## 理解孩子，爸爸媽媽可以這樣做

社會的競爭愈來愈多元，許多父母們為了給孩子更安定的生活與教育，忙碌於工作賺錢養家，卻把教養交給學校、安親班，甚至是電視或網路，等到父母察覺不懂孩子、無法聽懂孩子說話的時候，後悔已經來不及了。

據我在學校的觀察，一位國中學生七點三十分就必須到校，下午五點放學後，接著上補習班，晚上九點之後才能回到家；和父母相處的時間非常短暫，如果父母又不用心經營親子關係，看到孩子的成長可能只剩年齡與成績。建議爸爸媽媽可以這樣做：

1. 每天早上提早半個小時起床，幫孩子準備早餐，買外食也可以；讓孩子感受到關心。

2. 孩子出門上學時，抱抱孩子，並且告訴他們，父母今天回家的時間。
3. 每天晚上靜靜的陪伴孩子看書，這是一件很重要的事，即使只有三十分鐘也可以。
4. 睡覺前，除了和孩子道晚安之外，告訴他們，你明日的行程；讓他們知道爸爸媽媽在做什麼，他們也會習慣告訴父母，自己在做什麼。
5. 和孩子分享你今天記憶最深的事，也要孩子與你分享他今天記憶最深的事。

孩子的成長，很多都是在複製家長平日的生活舉止，父母親期許孩子用什麼方式對待自己，如果自己先用這些標準來教養孩子，轉化自己的想法與做法，你會發現孩子也變了。

# 做錯事，是孩子溝通的方式

我的年少歲月，混跡幫派，聚眾鬥毆，曾被視為壞小孩，雖然沒有父母的貼心呵護，沒有手足的相互扶持，但我的心中仍然充滿感恩，沒有恨。因為自己曾經走錯路，所以知道犯錯的孩子其實很孤單，需要更多的耐心與傾聽，才能打開青春期孩子心中的結。

新生入學的第三天，下午三點四十五分，第七節還在上課，訓導處組長就拉著滿頭亂髮的雅青到導師辦公室。

組長生氣地告訴我：「這個學生作業不寫，上課趴在桌上睡覺，請她去洗臉，她也對老師不理不睬。」

聽著組長敘述事件的經過，我的眼睛餘光飄向那位桀驁不馴的女學生，只見她頭髮蓬鬆、衣服雜亂，頭低得深沉，若有所思地站著。

組長把事件經過告訴我，請我協助處理之後就離開了。

我看著眼前的女學生，她面無表情，是不在乎呢，還是她自己也不知道該如何是好？我挺起腰桿，把衣服整理一下後，站了起來，兩眼正視著她，輕聲地說：「請跟我來。」

我走在前頭，她緊跟在身後。到了女生廁所，我請她進去把頭髮和衣服整理整齊。在等待她的時候，我在外面的洗手台洗了把臉，讓自己清醒一下，想著應該如何處理這件事。

十分鐘過去了。我和雅青坐在學校操場的草皮上，抬頭望著高速公路上來回穿梭疾駛的車子，當時的我腦袋一片空白。藍天白雲的好天氣，寬廣的視野，都讓我複雜情緒緩和不少，我相信這對學生的情緒平復也一定有幫助。我心想這個事件既然沒有即刻的危險性，不如先了解事件全貌和隱藏在背後的原因再來處理，應該更為妥適。

雖然以前有不少輔導學生的經驗，在學校修過不少學分的輔導策略，也看過其他老師用傾聽、同理心、晤談、罰站、寫行為紀錄表、記過或請輔導老師協助處理等方法處理類似個案，但當下的我實在想不出一個有效且合宜的方法，來幫助眼前這個無助的孩子。

我們就這樣靜靜的坐在操場。

半小時之後，我開口了：「老師想想看，明天再說，好嗎？」

從雅青驚訝的表情中，我知道「明天再說」的決定是對的。

當雅青回教室後，我馬上聯絡她的國小老師，並前往拜訪。

據國小老師說，雅青自小父母離異，媽媽在日本定居，她極度缺乏安全感，平常在學校很少與同學交談，沒有比較知心的朋友，有時候連老師言語上的關心都會被她當成敵意，再加上雅青的哥哥和姊姊也都是學校的頭疼人物，因此從小到大，她都被貼上問題學生的標籤。

回到學校詢問訓導處、輔導室的同事，得到的結果也是大同小異。

放學開車返家途中、吃晚餐以及在河堤旁散步時，滿腦子想的仍然是「明天該怎麼說」這個問題。

河堤散步回程經過便利商店，無意間看到行銷飯糰的一句廣告詞：「製造到配送，7-11始終堅持18℃。」當下我很好奇，為什麼是18℃，而不是19℃或20℃？經過查證後才知道，18℃並不是沒有原因或廣告噱頭而已，原來當澱粉維持在18℃時最不易老化，如果飯糰送到消費者口中是鬆散的，沒有Q勁，這項商品就不能長紅了。

這個廣告詞，讓我有了一個想法：個案輔導不可能一次就成功，如果能成立一間屬於班上的「18℃愛的工作坊」，協助個案及班上有需求的同學，一定可以達到事半功倍之效。

而18℃愛的工作坊要像操場草皮一樣輕鬆自然，提供一個抒壓環境給那些需要調整情緒或和導師談談的同學。

回到家裡，我立刻坐到電腦桌前，擬好「18℃愛的工作坊」成立計畫。

## 取得孩子的認同，就能有效管教

隔天一到學校，我就把雅青叫到跟前，感覺她仍在期待著我和她的談話。

當我開口問她，願不願意為昨天的過錯，向科任老師及組長道歉時，她爽快的回答：「好。」

我陪著她向老師致歉後便告訴她，希望她能加入18℃愛的工作坊。

我興奮地告訴雅青，我的創意和想法，18℃是食物保鮮最合宜的溫度，尤其是巧克力，它代表著濃濃的愛，那甜蜜的滋味、入口即化的口感，以及融化之後繚繞的喉韻，可以慢慢喚醒沉睡心底最平靜的記憶。18℃愛的工作坊希望引領需要幫助的同學，輕鬆無負擔地尋求真實而細膩的幸福味道。

雅青開心的微笑，連聲答應說：「好。」

我看到雅青眼中閃爍著不可置信的光芒與想望。

與雅青相處一段時間後，我發現她本性並不壞，只是缺乏愛與關懷。工作坊花了很多時間**傾聽她的想法，指導她的課業，以鼓勵取代責罵**。成功的讓她從學習中產生了自信，從自信中擁有了能力。

日子紛飛的過去，雅青每日的認真上進與無私付出，無形中也帶動了班級氣氛。一年的學習與歷練，雅青變得很有自信，在校平均成績都有八十分以上。雅青更讓人舉起大拇指讚揚的是，因為沒錢補習，家裡環境也不適合讀書，放學後，她會主動到圖書館讀書；優異的學習表現，簡直跌破所有老師和同學的眼鏡。

從一個叛逆、沒有自信、自暴自棄的孩子，變成班上的模範生。這個成功的案例，對於18℃愛的工作坊的所有成員來說，是一個最大的鼓勵。

這是師生努力的成果，也是輔導學生一個很好的範例。

## 鍾老師教室

### 處罰的目的是在改善孩子的缺失，而不是要養成孩子不怕犯錯的習慣。

雅青是「18℃愛的工作坊」第一個輔導的個案，命運多舛的她從小父母離異，而相依為命的父親也在她七年級下學期時撒手人寰。一個經濟不寬裕的家庭，面對父親因故驟逝，家人們全忙著處理後事，然而雅青卻顯得茫然，就像個頓失生機的玩偶，既沒有反應也沒有哭泣，只是冷漠安靜地不發一語，刻意把情緒壓抑在心中來逃避現實，而外顯出來就是退化、孤僻、任性、孩子氣的行為舉止與口語表達。

後來，雅青告訴我，在國小的時候，她常常犯錯，有時是故意的，有時是無意的。老師對她的處罰，不外乎罵她一頓；或是請家長到學校，在家長面前數落她的不是；或是站著聽老師口沫橫飛的講大道理；最習慣的處罰，就是在訓導處前面罰站，看著人來人往的同學，一開始會不好意思，久而久之也就習慣了。雅青在心裡想，反正在老師眼中自己永遠都是壞學生。

而我是第一個沒有問為什麼、講很多大道理或罰她站的老師，只是陪著她看看車、看看天、看看白雲，然後告訴她：「明天再說。」雅青說，她當下真的很想知道老師會說些什麼。

才短短一年的時間，八年級的雅青和剛入校時那個頭髮蓬鬆、衣服雜亂、桀驁不馴的模樣有著天差地別的改變；雖然雅青的課業仍有進步空間，但是她的求學態度和學習意願，都因為自信心的建立顯得更為積極，對自己未來的方向也深具信心。我也相信雅青的未來可以很不一樣。

我自己也從這個個案中，了解到「明天再說」不僅可以讓孩子的情緒緩和，老師也多了些時間，可以做出正確的處理。輔導學生不應該是急救流程，能不吃藥自然痊癒，學生就能產生抗體。

# 換一個地方和孩子說話

社會快速變遷，我們身處的社會結構也完全不同了，雖然每個家庭所生的孩子平均只有一、二個，但是家長的壓力並沒有減少，反而更加的焦慮與徬徨。勢單力薄的家長逐漸體會，即便我們竭盡全力照顧孩子，對孩子的正常發展與適應他們長大的未來世界，恐怕都是不足的。

記得曾經有過一次經驗，九年級某班同學，因為偷看另一位孩子的聯絡簿，因而起了不愉快的爭執；受傷害的同學執意要侵犯他隱私的同學付出代價。學生家長和導師都認為，犯錯的同學並非故意，不需要記過處分，然而任由大家怎麼勸，受害的學生都聽不進去。因為先前曾到該班分享生涯規劃，學生對我的印象很好，所以家長請我幫忙勸勸孩子，大事化小、小事化無。

我帶著同學到操場散散步，走了三、四圈後，學生開心地回到教室跟導師說：「我願意原諒那位同學，不堅持要記他過了。謝謝老師。」

每位同事都訝異地問我，才短短幾分鐘就讓學生改變，這究竟是怎麼做到的？我笑著說：「大部分老師和學生溝通都在教室或辦公室，面對眾目睽睽的壓力，凡事都會往牛角尖鑽，想不通透。我請他陪我到操場，主要是想在一個沒有壓力的環境下，藉由散步的機會，讓孩子說出整件事他在意的部分。」

孩子說：「同學偷看我的聯絡簿，本來就不對，是他沒有尊重我，錯在先。但是老師和家長都沒指責他，他們袒護好學生就算了，還覺得我堅持要犯錯的同學付出代價，很小氣又固執，又不是我的錯，為什麼大家都要我讓步？錯不在我，反而被孤立，我就很氣。」

我很清楚，學生能把問題的重點講出來，除了對我已經有信任感外，也是準備讓步的徵兆，這時如能對症下藥，順力一推，事件自然化小、化無。

我帶孩子在草地上坐下來，準備說故事。我和孩子說，我讀大學的時候，只要遇到煩心不如意的事，就會利用假日騎著車到海邊走走，看看廣闊的藍藍大海，吹著帶有鹹味的海風，混亂的情緒就能平和。整理好過去一週的混亂，來到這片大海，一定去拜訪一位老朋友——洗髮菜的阿婆。

在那個僅有四、五艘舢舨的小漁港，我喜歡蹲阿婆的身旁，聽著阿婆邊洗髮菜邊說她的故事；蹲累了，乾脆席地而坐。

阿婆說：「大海跟我們人一樣，面對如潮汐推擠般的環境，強烈的撞擊著岩壁，揚起的波浪很壯觀，大家都很喜歡看。」阿婆張開瞇著的眼睛看著我，「你知道大海在告訴我們什麼事嗎？」

我微笑的搖搖頭。

阿婆低著頭繼續說：「可敬的大海，其實在教我們做人做事的道理。大海無法控制自己的方向，前進後退，往左往右，決定權在潮汐。雖然它無法決定自己要走的路，但是即使遇到強烈撞擊岩壁般的挫折，除了要忍受痛楚外，面對如此多異樣的目光，它總能優雅的緩緩落下，最後得到眾人的掌聲。人生在世會遇到很多的困難，一般人遇到挫折的時候，心裡總覺得大家都在注意你，準備看你的笑話。如果能學習大海那種寬容的雅量，把嘲弄的感覺化為欣賞解決問題的態度，失去的會比得到的多。老人家的智慧總令人讚嘆，只可惜年輕一輩的孩子，已經很少人願意花時間去感受這些人生智慧。」

我接著告訴孩子：「老師和家長的反應是一般人的正常反應，並非是袒護誰或不尊重誰。在這個現實環境裡，得理不饒人，是大多數人的選項。但老師會選擇『得理可饒人』，因為這個選項需要有絕佳的氣度與胸懷。每個人都不願意遇到任何傷害，但是無法避免的遇到了，如果可以逆轉，就能創造雙贏。」

輕鬆的環境可促成師生無壓力的溝通，孩子的心結打開了，老師說的道理，他自然聽得進去，想通了，問題也解決了。

## 終結糖漿課程，快樂學習

大部分的國中生，每天在校時間約有十個小時，班級課表的內容變化不大，每週一直循環同樣的科目，雖然各科都有新進度，但如果上課方式沒有特別變化，就像是「糖漿課程」；要想讓這群正值十三、四歲青春期的好奇孩子，完全專心在課業，達到學習成效，的確是一大考驗。

我的學生小靜跟我說：「每天上學、放學，上課、考試、抄聯絡薄，一成不變的國中生活很無聊。但老師說，為了未來的幸福，現在必須有所犧牲。所以我告訴我自己，我會加油，可是我不快樂。」

接著阿昇說、小明說，每個學生爭先恐後地說，但玲玲卻什麼都沒有說。

我看著玲玲面帶愁容的表情，焦慮地問：「怎麼了？」

玲玲回答：「沒有呀？」

是學生說謊還是老師想太多？其實都不是。答案是：玲玲覺得沒有什麼事情是值得快樂的。

擔任七年級導師一學期之後，我發現班上孩子們段考的英文成績都普遍不理想，與同年級的同學有明顯落差。我請教英文老師，歸究其原因是學生的英文單字量不足。單字量不足就要求學生多背單字，然而如此簡單的事，卻讓我非常困擾。

要如何讓學生快樂的背英文單字呢？經驗告訴我，執行的第一步驟很重要。思考了許久，我終於想出了一個方法，幸好實驗結果非常成功。

我告訴學生：「每天抄完十個英文單字就找老師背，一個星期就可學會五十個英文單字，一個月就學會兩百個英文單字，十個月就可以背完國中兩千字的英文單字。」

這些孩子背英文單字的方式很特別，總是以音譯的方式去記憶；像是**grow**長大（骨肉）、**husband**丈夫（哈死笨）、**live**住（賴f）、**married**已婚（咩睿），但**mother**這個單字還算簡單，可以不用拼成「媽的」吧。

當我把疑惑提出的時候，可愛的學生卻回答說：「單字旁邊寫上中文拼音，是怕老師不會唸，拼給老師看的。」

我回答：「謝謝你，你辛苦了。」

學生回答說：「不辛苦。在背英文單字的時候，我可以畫圖嗎？」

我回答：「當然可以。」

於是學生畫了一隻可愛的小豬，還不忘詢問：「老師，我畫好了，像您嗎？」

其他學生好奇地問我：「欣儒笑您長得像頭豬，您不生氣嗎？」

我只是笑著回答：「這是我和他溝通的特別密碼，很有趣喔。」

同學也興致勃勃地詢問：「老師，那我們也可以畫圖嗎？」

我回答：「當然可以。」

於是從那一天起，學生每天背十個英文單字是快樂的事；可憐的是我每天要聽二百七十個英文單字。現在不怕學生沒動力，怕的是我沒有持續力了。

有了這個成功的案例，我的信心大增，甚至開始思考：如果運用資訊科技的趣味、便利、統合、多元等特性，是否能讓學生學習到ＩＱ、ＥＱ與快樂並重？有願就有力，結合學校行動數位學習實驗計畫，我開始籌劃資訊融入班級經營的構想，期盼讓數位學習走進教室，讓學生自然地進入數位學習領域。如果實驗順利，高互動數位教室建置完成那一天起，學生上課將是一件有效率且快樂的事。

「e化精靈，導師的魔法棒」列車已經啟動，我深吸了一口氣，告訴自己：「加油！」

## 鍾老師教室

英國作家東尼．布贊說：「當學生時，我花了數千小時去學算術，數千小時去學語言與文學，數千小時去學自然科學、地理與歷史。然後我問自己：花了多少時間去認識記憶功能如何運作？花了多少時間去認識眼睛功能如何運作？花了多少時間去學習如何學習？花了多少時間去認識頭腦的活動？花了多少間去了解思想的本質？以及思想如何影響身體？答案居然是：完全沒有。」

國中三年的教育與行為投資，是孩子未來生活的保障，所以最有價值也最有意義。為人父母、師長者，如果能陪同孩子把國中三年做完善規劃，並且合作經營，所造就的孩子，除了有自信快樂面對挫折，更能運用智慧解決困境，向上提升。

### 理解孩子，爸爸媽媽可以這樣做

曾經做過一個實驗，問一個國中學生：請他說出自己的五項優點，學生通常會支支吾吾的說不出來。如果將問題換成：請說出你自己的五項缺點，他可以很快在十秒中回答出來。

這個實驗證明了一件事，大部分的人吝於表揚他人的優點，而且也沒有習慣去發掘自己的優點，所以每個人一直在選擇修正自己的缺點，而沒有強化自己的優勢。這樣子的發展，一來一往，對自己的能力發展有很大影響。

所以從現在開始，請幫自己和孩子各準備一本優缺點記錄，每日三省吾身時，**寫出今日自己的一項優點（例如準時起床）與一項缺點（例如頂嘴）**，一個月之後，您們和孩子都將會有意想不到的收穫。

# 看見每一個孩子

數學為科學之母，很多學生卻常因恐懼而選擇逃避。

補救教學的數學課，我問一位九年級的學生：「二分之一減一等於多少？」學生用手一直抓頭，僵持了二分鐘後他才回答：「不會。」

我很訝異的看著他，以為是孩子故意開我玩笑；所以我又出了一題：「二分之一加二分之一等於多少？」

這時孩子面露欣喜的目光，開心的說：「老師，這題我會。二加二等於四，一加一等於二，四分之二約分後變二分之一。」

聽完學生的敘述之後，我當場傻眼，九年級的數學程度怎麼還停留在小三、小四，這樣的數學程度該如何補救？

我問孩子：「這些基礎的運算，如果在國一就發現不會，補救還來得及，你怎麼沒有問老師，請老師教你呢？」

學生回答：「我上課時聽不懂就會想睡覺，老師有問過我哪裡不懂。我也不知道哪裡不懂；老師常常問，今天的上課範圍有沒有任何問題？我怕惹老師生氣，就會回答沒有問題。其實我連聽都聽不懂，哪還找得出問題。」

我不死心的再追問：「那你段考是怎麼考的？」

學生回答：「猜完選擇題，就開始睡，通常只有個位數，運氣好可以拿到十幾分。」

我有些生氣了，嚴肅的說：「考十幾分難道家人都不在乎嗎？」

學生無奈的回答：「從國小就這樣子了，我爸爸媽媽應該已經習慣了吧。」

剩下三個月的時間，學生就要畢業，我很明白短時間內要補足孩子國中三年的基本數學能力，是不可能的事；我唯一能做的是，讓學生重新找回求學的熱情與追求未來的目標。

我很明確的告訴孩子，起步任何時間都不會嫌晚，現在老師要和你一起努力改造，你要好好配合。讓我意外的是，孩子當下所表現的不是無奈，而是露出欣喜的表情。可見，**每一個孩子都期待被看見，被重視**。

工欲善其事，必先利其器，我先幫學生準備了一支原子筆與一本記錄本。並和孩子約法三章：要求學生早自習時要閱讀，利用下課時間寫閱讀心得，字數多少不規定。如果寫不出來，就把閱讀時覺得有感覺的文字抄下來。用完中飯，上一對一數學課時交給我。我從九九乘法與正負數的加減法開始教起，目的要讓孩子有規律的學習生活，讓孩子在學習中得到成就感，增進自信心。

另外，我也和孩子的導師溝通，請他要求孩子放學回家，至少要看一個小時的書，並把讀書心得寫在聯絡簿的日記欄。同時請導師配合，**多給予孩子正向的鼓勵**。

改造計劃持續一個月之後，終於得到了成果。

一天下午，學生來找我：「老師，我想申請進集中自習教室。」

我告訴孩子，「這是件好事，可是會很辛苦。」

孩子說：「老師我不怕辛苦，我想為自己拼一次。」

這些話語，讓我覺得這一個月的辛苦是值得的，感謝孩子的成長。我想大聲的說：「我成功了，我的孩子重新了找回了做學問的熱情與自信。」

雖然孩子有向上之心，可是課業落差實在太大，大家都很清楚，此時才臨時抱佛腳，並不可能會有多好的成績。考試成績公布了，預料之中，學生會考的成績不理想。正傷腦筋要如何安慰他、引導他之時，孩子主動來找我，對我說：「老師，我已經找到合適的高職，我相信我一定可以讀得很好，因為我已經學會了學習的方法。」

現在這個孩子就讀某高職一年級，前幾天接到他的問候電話。他說，他已經通過丙級鑑定，等他通過乙級鑑定後，要我請他吃飯。我開心的答應他了。但是我總覺得不太對，我幫他開創了一條康莊大道，照理來說，應該是他要謝謝我，請我吃飯才對，怎麼會是要我請他吃飯呢？學生能重新找回學生的熱情，有明確的目標，是一件好事，況且學生也沒說要我請他吃什麼啊？我想滷肉飯配貢丸湯會是不錯的選擇。

## 抽離學習，補助不足

七年級開學的第一天，有一位同學遲到了一個小時，仔細了解之後，原來是這個孩子看不懂公車的站名，認不出應該下車的停靠站，也不好意思問人，所以坐過站了。孩子下車後，不敢再搭公車，沿路問人，用走的到學校來。

這位孩子連自己的名字都寫不好，學業成就明顯落後同齡的孩子許多。在一次國文抽背中，剛好抽中了她。她識字不多，很多字連唸都不會唸，更不用想要會背。我告訴負責抽背的國文老師，希望可以給她多一點的時間，讓她先學會唸再背。國文老師知道這位學生的狀況，要我換下一個號碼來抽背。我知道這是國文老師的好意，可是我不覺得這是對的，當下就婉拒了。

我陪著她慢慢的練習，先教她唸，再背頌，到了最後仍然無法過關。離開生物教室之後，我一直思考，如果她在班上和其他同學一起上國文課，無疑是鴨子聽雷，只有發呆而已，對她並沒有任何的幫助。

於是我到特教組看是否還有其他方法。特教組組長說，她只是學習落後，並非是資源班的學生，依法不在他們的服務範圍之內，如果開先例，恐怕會受質疑。我很耐心的說服特教組長，這個學生真的有必要抽離上課，如果學校能主動協助真正需要的學生，是一件很棒的事。有愛心的特教組長終於答應了，讓她抽離上課，從寫字、認字開始學起。

完成了這個任務後，我並沒有太開心，因為接下來要如何在不傷學生自尊的狀態下，說服她參加抽離上課，更讓我傷腦筋。

後來，我和孩子說，「生活中的任何事情都會隨時間沖淡，只有自己的未來不會過去，現在不會並不代表以後不會，只要下定決心，就會有學成的一天。今天妳抽離上課，雖然感覺會怪怪的，但是如果妳繼續和大家一起上國文課，進度與作業都是問題，老師當然不會放棄妳，但時間一久，妳有可能因為自卑而選擇放棄自己。這是老師不樂見的。」

學生被我說服了，她開始參加國文課的抽離學習。雖然她必須承受標籤下的壓力，但我知道這對她是最好的選擇。最後證明，當初讓她選擇抽離學習是對的，從每天的聯絡本可以看到她的成長，雖然很慢但是很紮實。

現在她可以寫超過五百個字的讀書心得，雖然還是有很多的錯別字，但文意的內容讓讀者很有感覺。去除了學習障礙，我們也發現了她的優點，她的手很巧，舉凡抱枕、圍巾等家政課的作品，她很快就可以完成，還有很多時間幫助同學；做事認真負責的她，不再自卑，也找到了未來求學就業的方向。

## 鍾老師教室

我的國中生活，每天做同樣的事，過著自認有趣的生活，事實上，我的內心極度空虛，人生目標在哪，其實自己並不清楚，只能渾渾噩噩，過一天算一天。國中即將畢業時，成績單列出：操行成績——留校查看；學科成績——全部不及格。學校甚至為了是否讓我領畢業證書，還召開了專案會議；幸好有教無類的老師們一致通過，讓我順利畢業。

高雄報考軍校之旅，讓我有了不一樣的想法：如果我繼續渾渾噩噩地「混」下去，我的人生極可能還沒真正開始就宣告結束了。想到這裡，胸中一股不甘心油然而生。

當我踏進軍校入學的考場時，生平第一次認真地把試卷從頭到尾寫完。其實我完全看不懂那些考題，更遑論作答了；選擇、是非題是碰碰運氣，猜猜答案，其他也只好交白卷。

考完時，已經下午三點多，落寞的心情環繞著我，因為我知道，以這樣的成績絕不可能通過入學考試，我的求學之路顯然已經走到了終點。

幸好，我並沒有因為看不懂試卷而放棄考試；放榜後，我的成績雖差，但卻還有達到最低標準，所以我被錄取了，也開創了我的豐富人生。

現在我自己為人師者，我總是告訴自己，只要不放棄孩子，站在孩子的立場上去理解他們，與他們溝通，就能拉近和學生的距離，像好朋友一樣。我告訴他們，只要跟著老師的步伐走，一切都來還得及。一切都可以從零開始，努力去補足落後的部分，就能迎頭趕上，甚至後來居上，達到一百分。

# 第九節加油站

星期四第九節課，我留守陪學生自習，班上的林同學跑來問我：「老師，待會第九節課，我們可不可以用手機，戴耳機邊聽音樂邊寫考卷？」

柔和的音樂對某些孩子而言，可以提高讀書效率；戴耳機不會影響到其他不想聽音樂的同學，我想應該可以答應吧。但是學校的手機管理辦法明文規範，學生要在放學之後，才可使用手機。當下我感到兩難，一來我認為第九節課是學生自願留下來讀書的，選擇的方式如果能讓自己更專心，有何不可。再來第九節課應該算是放學之後了吧，只是還沒離開學校而已。在短暫的思慮分析之後，我選擇答應學生的要求。

「今天我當值班老師，准許你們用適合自己的方式讀書，但是因為其他時間不是我留值，是否違反校規，在模糊空間，所以除了星期四第九節課外，請你們還是不要使用手機。」

其實我對於這些孩子很心疼，或許絕大部分有成就的人，都是從國中升學班，放學精英補習班，假日加強班，辛苦的付出與努力，才有今天的成功，所以大部分長輩都認為留第九節、晚自習、甚至假日補習，都是理所當然，因為唯有如此，才可以創造好的未來。可是，在教育現場的觀察，學生從七點三十到校，一天七節課已經很累了，第八節的課輔勉強很可以專心，到第九節課，肚子餓了，心也累了，真的有需要硬性規定學生要留下來讀書嗎？

但是學校為了符合家長的要求——與其讓學生在外面趴趴走，不如留在學校唸點書；結果許多被強迫留校的學生，打擾真心想讀書的人；不想到外面趴趴走的人，也不想待在教室看書，只好和老師捉迷藏，見巡堂老師到教室時，就假裝專心看書，老師一離開，就開始玩手機、聊天，一來老師辛苦，學生也不會做對自己有益的事。大家都當過學生，應該有同樣的感受，放學的那段時間是放鬆心情最好的時刻，如果怕學生在校外趴趴走，其實可以更彈性一點，比如，讓想運動的同學運動，想散步的同學散步，甚至看小說的人看小說，讓第九節課真正達到調節白天與晚間學習活動的功能。

## 家長認為最好的，真的是孩子需要的嗎

第九節留校自習制度實施後，曾經發生過一件事：

班上有一個孩子，在繳交第九節留校同意書時，家長簽名回條寫的是，「星期一至星期五都不留第九節。」

我知道這位家長對孩子的要求嚴格，這其中一定有問題。

星期三第九節課結束後，我看到那位同學從操場走回來，滿身大汗。

我問他，「你不是沒有留第九節嗎，為什麼還不回家？」

學生回答，「我想留下來運動。」

運動是一件好事，我並沒有覺得不妥，但心裡很清楚，因為他不能早回家，否

則就穿幫了。我只和孩子說了一句：「我希望你不留第九節，是你和爸爸媽媽共識的結果，不希望因為你不願意自習，留下不誠實的記錄。」

學生點點頭就離開了。

果不其然，三天後的傍晚，我接到學生家長的電話，劈頭就質問為什麼他的孩子沒有留第九節。我告訴家長，第九節屬服務性質，完全免費。並說明先前已經發過家長意願調查表，家長填選的是不留第九節。

家長回答：「我不知道有這一回事。」

我回說，是孩子父親簽的名。母親聽到，氣急敗壞的向我指責先生前些時候買智慧型手機給孩子，讓孩子成為低頭族，現在又同意孩子不留第九節……。

我連忙緩頰，「他都留在學校運動，其實這對孩子也是一件好事。」

家長說：「現在已經是九年級了，還不抓緊時間，好好用功讀書，升學怎麼會來得及。反正我一定要他留第九節。」

我只能回答：「留不留，我都尊重您與孩子的意願。」

我請孩子誠實面對這件事，並請他把自己的想法告訴父母，好好和他們溝通。

我跟學生保證，只要臉色和悅、多聽、不爭辯，讓一步，一定可以找出彼此都能接受的結果。隔天學生告訴我，媽媽同意他第九節留在學校運動，前提是他保證至少能考上公立高職。

在規律的生活與學習下，孩子快樂去面對自己的承諾，成績也愈來愈穩定，雖然不是頂尖，會考成績並沒有特別突出，但至少達到了他與母親的約定，錄取了公立高職。

## 當精英真的快樂嗎

「明均，下課後要不要去鬥牛？」

「好啊！我們趕在補習前先去打場球。」

「那就先打球，再去補習班上課吧。」

這是明均和同學之間很常態的對話。明均是數理資優班的學生，也是一個自我要求很高的孩子。他要求自己中午一定要午休，恢復精神，好面對下午的課程。他也要求自己在第九節課時，一定要去操場動一動，緩衝一下課業的壓力。他覺得運動三十分鐘，不但可以增強晚上的體力，對於學習效果也有很大的助益。

可是這一切等明均上九年級後全變了。明均無奈地說，「爸爸最近去開家長會，一群數理資優方案的家長，私下要求學校提供場地上第九節。這些家長自費請老師，每天加開第九節課，課程以會考的國文、英文、數學和自然為主。」

爸爸對明均說：「你是精英，就要考滿分。」

開完家長會，爸爸回家後，就一直對明均強調，他是學校的精英，會考一定要考高分，替學校和家裡爭光，而現在的辛苦都是為了未來甘美的果實。

話雖如此，明均並沒有因為上第九節課，而能免去晚上的補習。學校放學後，緊接著就是去補習班，明均幾乎都是上完第九節，就立刻衝往補習班，在便利超商隨手買個飯糰或三明治就打發晚餐。而第八節課的內容、第九節課的評量、檢討的考卷，都還沒消化完，就要繼續補習班的課程填鴨。

明均為此經常紅著眼跟媽媽說：「唉，如果當精英那麼不開心，我寧可不要當。」然而這些孩子的求救信號，可能都因為家長們望子成龍、望女成鳳的殷切期許所忽略了。

## 鍾老師教室

很多孩子都像明均一樣，每天早上七點半上學，晚上十點多才回到家；然後洗個澡，又開始寫功課，直到深夜才能就寢；而隔天一大早又要起床上學。如果不用補習，六點半回家，洗澡，吃飯，休息一下，一定超過八點。如此日復一日，早出晚歸又加上課業壓力，有多少孩子能承受得了。即使辛勤的努力有了成果，讀了好高中，進了明星大學，拿到碩士、博士學位，但卻因為升學過程的壓力導致身體健康受損，豈不是得不償失。

以孩子的正常發育來說，最好十一點前就上床休息。所以個人還是主張：第八、九節課應該是上學與放學的中繼加油站，家長和老師可以好好的運用，幫助孩子規劃適合的活動，成為一個對孩子有益的緩衝時間。

# 補習真的有用嗎

上數學課時，祖豪心不在焉，我要孩子專心上課。

祖豪不開心的回說：「老師，你剛剛上的1-1我早就會了，補習班都已經上到1-4了。」

我真的很擔心，補習班速成的教法，可能造成孩子只會算題目，而無法了解單元課程設計的來龍去脈。如此急就章的學習方式，基礎不穩，題目只要稍微活化，轉一個彎就可以考倒一堆人了。難怪我常聽到學校同事說：「再簡單的概念，只要再加一個元素，對學生來說就是一個超級難題。」況且，犧牲親子共處的時間花錢去補習，應該是補自己不足的部分，而不是超前進度以突顯自己與眾不同。

期末考的最後一天，第一節課考數學。一早到校就有一位同學拿著試卷來問我數學問題，題型都是比較艱深的題目。我告訴孩子，「這次考試的範圍不會涉及這個部分，你先去準備考試。」

學生回答：「這是晚上補習班的功課，沒有完成會被老師留下來加強練習。」

我告訴學生，「考卷先放老師這裡，放學前老師會將詳解列出，如果你看不懂，我們再一起討論。」

學生向我道謝後就離開了。

這個作業雖然只有四題，也花了我近一個小時來思考解題。中午休息時，我將考卷和解題過程拿給孩子。

我細心的問：「你看得懂老師所列的詳解嗎？」

學生回答：「大概吧。」隨後又補了一句，「反正有寫了，補習班老師還會再講解一次。」

當下我真的很無言，這不是本末倒置了嗎？

最後一節課考完公民，放學前又有一位同學急著來找我，問我同樣的數學問題。我告訴他可以和早上的同學討論，我把詳解交給他了。

同學回我，「補習班老師說，要自己想，不可以抄同學的。」

這是什麼邏輯，不能抄同學的，難道抄老師的就沒關係？

學校期末考的命題原則是，課本與習作佔70％，延伸應用佔30％；而且80％是簡單或中間偏易的題型。

我拿起任課班的卷袋，抽出第一張考卷，剛好是班上成績平均超過九十五分的數學小王子，真是一個好彩頭，全班同學應該都有很棒的表現。但改完考卷之後，我的心情卻糟透了，數學小王子的試卷第一面的簡單題目錯得一塌糊塗，背面比較難的題目反而全都對了，總計只有六十二分。

## 對的學習場域與方式

補習真的對孩子有用嗎？這個問題在我心中產生很大的疑問。

放學後，孩子應該在家享受親子共學時光，或是培養孩子自我學習的能力，很多家長卻選擇花錢送孩子進入一個不適宜的學習領域。學生會進補習班的原因，除了家長要求外，其餘不外乎是想要擁有好成績、增加課外知識、超前進度學習與交朋友等因素。

在教育現場的我認為：課後補習所產生負面效益比正面助益要來的多。正面助益是，對於認真、想學的孩子，可以彌補學校教育因個人能力影響的學習缺失。但如果學生的態度不積極，所產生的效益仍然有限。

負面效益則有以下幾點：

1. 每天的時間被過度擠壓，嚴重影響孩子吃晚餐與睡眠的正常運作，對於孩子的發育與隔天的學習品質，都會產生無法彌補的重大傷害。
2. 很多補習班為了搶學生，祭出了很多法寶，舉凡電話訪問、贈送物品、發放車馬費、到校門口發傳單等等，這些宣傳活動都與教學無關，而所需的成本，羊毛出在羊身上，花費都必須由來前來補習的同學買單。
3. 為了爭取高分，補習班傾全力提供現成的資料，學生習慣閱讀已整理精簡的講義後，無意中失去了統合、思考的能力，一旦面臨問題轉彎時，可能只有坐以待斃。

4. 補習班教學目的之一，是為了讓學生擁有好成績，而爭取高分的結果下，容易養成學生急功好利的心態。

補習並非學習的唯一方法，過度依賴補習班，一定會產生負面的結果，所以能否針對自己的需求，選擇對的學習場域與學習方式，是現今家長與學子的重要課題。

補習應該只是學習上的輔佐工具，不是主要途徑，而且不是每一個人都適用。很多國中生為了考上明星高中，來滿足家長的期待、老師的要求，犧牲了睡眠和追求學問的自由。

食物吃太多會消化不良，學習不也和吃東西一樣，每天長時間的灌壓知識，如果沒有管道消化紓壓，成年人都受不了，何況是正值青春期的小孩。人都會有彈性疲乏的時候，尤其看到其他同學不用花很多心思就能保持功課水準，自然會心生徬徨或手足無措。

其實為人家長與師長者，可以借力使力，藉此機會教育，讓孩子從中學習如何抗壓，讓孩子明白抗壓是一個帶得走的能力。一個人只要堅持努力，總有出頭的一天。但如果沒有抗壓的能力，即便是擁有高學歷、高能力，遇到挫折仍然會選擇逃避。

正確的學習態度是漫長的學習路上，不變的真理。曾有記者報導：「只要有正確的學習態度與環境，其實家長根本不用送孩子去補習。怕小孩跟不上學校進度，將小孩送去補習的家長表示，因為各校孩童一起上課，安親班沒辦法照學校的進度教導，反而造成小孩子學習上的混淆，提升的效果相當有限。」

每一個學生都必須培養不斷求新及孜孜不倦的求學態度，在學習的道路上，補習文化並非一定要存在。在學習的各個場域中，孩子應該學習如何從周遭的人、事、時、地、物之中，多看、多問，多想，只要不害怕且願意問，一定可以從他人身上學到更多寶貴的能力。

## 鍾老師教室

小翔是我導師班的學生，謙虛有禮貌，體能好，能跑能跳，游泳一千公尺也難不倒他。七年級開始，他每節上課都很認真做筆記，下課後會馬上詢問不懂的地方，所以任課老師常常都要到下一堂上課鐘聲響才能離開教室。放學後，小翔更會為了完全理解當天數學課的概念，和我從五點討論到七點是常有的事。

小翔沒有上補習班，家住在學校附近約三分鐘的路程，而我回到木柵的家至少要四十分鐘。雖然很累很辛苦，但孩子謙虛有禮貌的態度，讓每一個老師都對他讚譽有加。

學生善用上學的時間，把握當下，今日事今日畢的求學態度，不僅贏得生活品質，也求得踏實的學識，如此有品質的生活學習，是學習帶得走知識的重要關鍵。

放學後的安親班或補習班，絕對不是唯一或必要的選擇。

我常在想，學校與親師生如果能共同規劃放學後的社團活動，藉由豐富、多元、有趣的課程，讓學生選擇自己想要的學習活動。

老師和家長引導孩子由生活中學習，體驗中成長，一定可以讓孩子除了擁有生活適應力與解決問題的能力外，更可以創造出豐富的生活經驗與創意。而這些帶得走的能力，在詭譎多變的未來裡，孩子將擁有更多的競爭優勢。

# 有夠勇的班級經營

完整的規劃，是學生依循的準則。

曾聽班上有一位學生說：「我知道現在應該專心努力用功，長大之後才有實力和別人競爭，只是長大似乎離我們太遠。」

孩子在學校的學習與成長，應該是IQ與EQ並重，每一個學生的特質都不太一樣，如果採用同一套教育方式，不一定有預期的效果產生。所以班級經營應該自學生進入國中求學階段，一直到畢業典禮，量身訂做建構一套六個學期的正向管教規劃。學習自我尊重和尊重他人，孕育學生良好習慣，與對未來目標有主動求知的精神。

國一上學期：習慣養成期。國一下學期：技巧熟練期。

國二上學期：班風成熟期。國二下學期：課業穩定期。

國三上學期：主動積極期。國三下學期：美果收割期。

新接任七年級導師，學校責付七〇二班給我。開學前三日，我拿著註冊組給的學生基本資料及聯絡電話，一一打電話告知每一位家長，開學要注意的事項。我的說話內容是：「您好，我是重慶國中七〇二班的導師……」

我所收到的回覆五花八門：「啊！你是詐騙集團噢」、「我們老師是男生噢，好可惜」、「我爸爸不在、媽媽也不在，我不知道啦」、「你為什麼要打電話給我，是不是我有什麼問題？」……等等。

一個簡單的關懷和告知，家長或學生是正向反應的，約只有二成。當時的我只有一個想法，現在的社會缺乏關懷和信任，我想我的責任更重了。

開學第一天，我在很自然的情況之下，得知班上同學們給我的封號——笨河馬。學生轉述意思是又胖又呆。一天下來，同學活潑好動的性格展露無遺；再觀察了幾天，我找了很多方法，覺得帶好一個班應該從「心（**HEART**）」出發，我相信這個「有夠勇」的方法可以改變他們，而且我也很有自信可以做得很好。

## 班級經營從心出發

五夠用（有夠勇）的班級經營，從心出發所採行的策略：

**Habit（習慣）**：拋去老師對前一個所帶班級的主觀想法；修正孩子國小求學階段及在家習以為常的不適當習慣；改變家長學位至上、課業第一的傳統觀念，達到使自己和他人快樂、不給自己和他人帶來問題，但會解決眼前的問題。這其中包括服裝儀容、日常生活規範、整潔的要求、注重禮節、主動、積極、熱心幫助同學的生活習慣，建立班級團隊精神及和樂氣氛。

**Eliminate（摒除）**：摒除老師一定是對的想法；消除學生以自我為中心的思考；淘汰家長權威者的心態，建立良好的親師關係，達成讓孩子快樂學習、健康成長、知足感恩的目標。這其中包括寫信給家長、家長日、聯絡簿、親師座談、家庭訪問，讓家長知道孩子的進步情形，鼓勵家長參與學校或班級的活動，有效面對家長的批評或質疑等。

**Accompany（陪伴）**：學生有任何的心事或想法要找人談或討論時，一定會尋求老師的協助，師生之間沒有代溝，建立良好的師生關係，達成「同學面對老師和家人是尊敬，不是畏懼，是朋友，不是敵人」的目標。這其中包括：師生溝通的原則與技巧、以身做則的想法與態度、個人紀錄冊的運用，學生生日的感恩、教師對學生及學生對老師的期望等。

**Resources（資源）**：創造累積擁有蓋房子的資源，孕育良好的班級氣氛，建構一個屬於班上全體同學、家長及老師的幸福家庭，不僅擁有多功能的硬體，更具有智慧型的軟體，每一位同學都擁有家的感覺的目標。這其中包含：當自己的主人、建立制度、機會教育、班級正向管教的原則和方法、塑造學習的榜樣、正向的鼓勵等。

**Transmit（傳送）**：培育每一位優良學生就如同造就一個幸福家庭，學生是家長與老師的寶貝，老師用心、家長關心、學生專心，傳送並分享所有的成果和愛，給最棒的自己、最愛的家人、最尊敬的老師、最在乎的同學和所有需要的人。

經過二年多的努力，我班上孩子們的生活常規表現極為優異，良好習慣的養成，讓每一位科任老師都覺得上課很有尊嚴、很溫馨；同學都能互相幫忙，和老師的互動也很好，班級氣氛令人感到幸福。

這些孩子和七年級剛入學時的狀況，有天差地別的進步。目前雖然部分學生的課業仍需加強，但是學生的求學態度和學習意願，因為班上的氣氛而變得更為主動積極，對自己未來的方向更具信心。

九年級下學期，當導師的我很輕鬆，每天一早進教室，學生會以笑容和我道早安，教室黑板很乾淨，似乎在告訴我，孩子已經準備好今天要上的課。小老師的盡職，減輕了每一位科任老師的壓力。教室及環境區域的清潔，讓每一位學生有更好的讀書環境；班級幹部的努力用心，讓同學們都能在崗位上發揮功效。今日事今日畢的學習風格，更成為同學茁壯的規範。最讓我感到欣慰的是，每天放學前討論明日行程之後，同學都會笑著和老師說再見。

每天巡完教室，關上門，帶班的感覺是很幸福，很快樂，內心很滿足。

## 鍾老師教室

「引導學習」可以啟動學生的學習聯結，藉由課堂上的對談，激發學生的想像與創意，對於學生的學習可以產生很高的成效。

比如，七年級體育班的數學課上連比時，我問：「X：Y：Z＝15：18：8，從15：18：8這幾個數字中，你們聯想到什麼？」

學生答：「五個數字、答案、數字……。」

我說：「思考分為五個程序，從最低到最高排列，分別為認知、記憶、創造、組織與高層思考。你們的答案停留在認知和記憶。現在試著從個人自身的記憶與生活經驗中創造聯想。」

學生A回答：「棒球比賽18個打數，15隻安打，其中有8隻全壘打。」

學生B：「籃球比賽得18分，15次助攻，8個籃板。」

學生C：「一年級有8個班，18個男生，15個女生。」

我很開心：「很讚噢。以後你們看到數字時，不會只想到答案，而是可以創造很多種可能。」

這就是我想給學生的，帶得走的能力。

# 態度比分數更重要

周日在家接到學生怡如的來電。

怡如：「老師，請問段考的數學考卷你改好了嗎？」

老師：「因為去畢旅採勘，所以我還沒改完。」

怡如：「老師，對不起。選擇第一題、填充第五題的答案，我忘記寫在答案卷上。」

老師：「妳要告訴我這兩題的答案嗎？」

怡如：「選擇第一題答案B，填充第五題答案18。」

「好，老師知道了。」

星期一早上到學校後，發現教室空無一人，班上同學都不見了。其實我並不擔心，因為九年級的這些孩子，生活學習早已自制，所有大小事都由班長與各級幹部負責，完全不用我擔心。果然不出我所料，辦公桌上留有一張紙條：「老師，我們去操場跳舞了。」

早自習結束之後，我把怡如叫到跟前，我告訴她，我念大學被當掉時，我的做法與教授對我的寬容。目前的教育現場，通常以分數來評斷學生的努力與成果，但我的教授教導我，應該要**以學生的學習態度與歷程，來呈現學生的學習成果**。

「老師觀察妳很久，妳很細心、認真，未來的前途可期。妳的態度和努力遠比分數要來的重要。」

怡如說：「可是我的家人都說我不夠努力，一直提醒我，表哥、表姊的成績比我好，我應該要更用功，才能進公立高中。」

我鼓勵她：「投資自己是最有價值的，目前的教育制度，公立學校的師資好、環境好、學費低，如果可以讀公立學校，的確可以省下不少錢。但是每個人都擁有獨特的特質，有些人會讀書，能在很短的時間就可找到重點讀好書，分數也高。可是面對挫折的忍受力，是否能像會讀書一樣就不得而知了。怡如，妳對自己的要求很高，也很在乎別人的看法，在不影響課業前提下，這是一個不錯的考驗，只是挫折之後必須找出對的方法，讓自己的學習成效能更加茁壯。」

「老師，我知道了，我會永遠記得老師告訴我的話，彌補缺點的最佳方式，是努力發揮優點。」怡如開心的笑著離開。

至於段考寫在數學考卷的那二題答案有無算分，已經不是重要的事。

## 鍾老師教室

每天陪伴在學生身旁，我常常在想，當我站在講台上，做出種種的要求時，坐在台下的學生聽在耳裡是什麼樣的感覺？是覺得不合理？還是感到老師太囉嗦？或者能接收到我的竭誠付出呢？

我真的知道孩子需要的是什麼嗎？雖然還不能完全明白，但至少我知道上課發呆是一件很辛苦的事。

學生說：「英文好難，單字很難背，我都背不起來，學不會。」

我鼓勵他：「學而後知不足，知道難，代表你的學習已經跨出一大步。接下來就是去接受進一步智能的挑戰。」

學生說：「原來只要願意從零開始，就有希望。」

我很開心，學生真的懂了，這是當老師的成就感。

中午午休的時候，孩子拿著早上的數學小考考卷來找我。

學生說：「老師，這張考卷我連一題都不會，怎麼辦？」

「沒關係，一題都不會，我們就一題一題學。」

過了半個小時，學生說：「老師，我全都懂了。」

我很開心：「全都懂了，是一件很值得讚賞的事。如果你能持續這種挑戰自我的勇氣，做學問對你而言，就是幸福的事。」

面對未知的未來，我總是苦口婆心的告訴孩子，平日一點一滴的累積實力，可以為幸福的前程奠定穩固基礎。我相信孩子已經聽進去了，但是否有毅力養成習慣，快樂求學，不僅取決於孩子的態度，也考驗著老師的智慧。

# 老師，我聽不懂

學期快結束時，從南部轉來一個同學，坐在第三排最後一個位置。第一次上課，為了解這位轉學生的數學程度，我出了幾個簡單的題目，請孩子利用課餘時間作答，放學前交給我。

放學後，孩子並沒有把檢測卷拿來給我。我衝到班上，晚了一步，孩子已經離開學校了。我只好告訴自己，明天再說吧。

隔天上完課，我把孩子叫到跟前，要他把昨天的檢測試題拿給我。我看了內容，心裡滋味不好受，因為檢測卷上除了姓名外，其餘的通通空白。我提醒自己，接下來要面對的是一個孩子學習的新開始，可能影響他的未來，處理這件事的態度和說話技巧要非常小心。

吃完中飯，我請孩子陪我到操場走走。

我問他：「是不會寫還是不想寫？」

他很小聲的回答，「我不會寫。」

聊天之餘，我無法置信，這個孩子已經國二了，連基礎的乘法都不會；該如何從頭開始，讓我傷透了腦筋。

我回想起去年剛擔任這一班的導師時，輔導室給我的資料中，班上有一位同學的邏輯和平衡有部分缺陷，所以他學習數學會有些困難。

我和家長談完之後，家長很苦惱地說，已經幫孩子請家教，但孩子的數學怎麼學也都學不會，段考成績非常不理想。我幫孩子做了一個檢測，結果發現他連基礎的四則運算都不會，還沒學會走就想跑，難怪如何教都教不會。

經與家長溝通之後，我決定從基礎的加減乘除開始教導他，每天放學後上課十分鐘，隨堂考三題。一、二個月後，孩子很自然的從不怕、習慣到熟悉，成績進步的幅度雖然有限，但從這裡建構的自信，卻讓他有十足的信心面對挫折。他也開始懂得利用下課十分鐘和同學相約打球，以補強本身不足的平衡感。

有了如此好的經驗，用在轉學生一定有效；正想大展身手，有所作為時，學生卻稱病請了二天的假。之後，我沒有再看到他，所看到的是他期末考的考卷；選擇五題共十五分，他只答對了一題，其餘填充、計算題全都空白，總分三分，我想我改考卷的時間應該比他作答的時間還要多。

即使老師有很好的創意與對學生有利的作為，如果主角不配合，擔任配角的家長漠不關心，執導老師是無法唱獨角戲的。雖然我一直都明白這個道理，但只要有一點希望，我仍然不願放棄。不過最後我仍然失敗了，因為他又轉學了。

## 筆談教學

剛開學，已經畢業的學生博文的爸爸特別到學校來拜訪我，請我救救博文妹妹的數學。林爸爸說：「我們家的女兒讀書很認真，每一科都有水準之上的表現，唯獨數學一直無法開竅。到校外補習了一年，每次段考頂多六十分，剛好及格而已，不知道哪裡出了問題，她自己很苦惱，做家長的我也很頭痛。」

當下我也不知道該如何幫助憂心的林爸爸，而且博文妹妹不是我任課的學生，所以要單獨幫她加強課業，時間的安排是一個大問題；但為了學生，先做再說。我翻了一下手上現有的教學資源，找到一本大約一百頁、題目由淺入深的練習題簿。

我告訴博文妹妹：「我們先用筆談的方式，試試看能否合適。」

我先用二十分鐘的時間向她說明，練習本的內容與編排模式，以及筆談規則。

筆談教學持續到第二次段考，總於看到了成效，博文妹妹的數學成績終於突破六十分大關，考了八十二分，而期末考更加碼考了一百分。

我問學生：「每天大概要花多少時間寫老師規定的功課。」

學生回答：「剛開始的第一個星期，大約要花三、四個下課時間。二個禮拜習慣後，平均十到二十分鐘就可以完成。」

顯見孩子從抗拒到喜愛，從無力到習慣，數學能力在無形中一直增長。我又問：「對於筆談式的教學模式，妳看得懂老師寫的詳解嗎？」

學生回答：「因為和老師平常上課的模式不太一樣，剛開始不習慣，但是看不懂可以找老師問，看懂了再做一篇，很快就適應了，有真的學會的感覺。」

學生真的懂了之後，自信心增強，完成三至五題的數學問題易如反掌，負責筆談教學的老師也會愈來愈輕鬆。

筆談教學實施了一個學期之後，雖然因為寒假暫時停止，但她已經習慣每天寫三至五題的數學問題，成效顯現在下學期剛開學的模擬考，滿分八十分的數學測驗，她考了七十二分，是五科中最高的分數。

延續著這個模式，我又陸續完成其他二位同學的筆談教學，成效都很好，我想這個教學法是可行的。

新學年度開學後，接任七年級導師，正好可以把**數學筆談教學**擴大至整個班上。我是這樣安排的，首先**幫每位學生準備一本由淺入深的練習題本**，並告訴學生，我未來的上課模式。

在座位的安排上，學生可以選擇一個人坐、分組坐或席地而坐，總之找出自己最佳的學習情境與輕鬆的方式來上數學課。

**在上課時間的分配：前十分鐘，檢討昨天回家課業**。據統計，回家作業如果能在二十分鐘內完成，學生的達成率最高。老師與學生用五分鐘的時間，分享昨日所見、所聞、所知、所學的感想。**接下來的二十分鐘，講解三至五個概念、實例與練習**，並告知今日回家功課。最後**十分鐘是隨堂練習，自由分組討論後，個人完成自己的學習單**，下課前必須交回學習單。老師會一個一個批改，有錯誤的就個別教導。目的是要確定每一位同學對於今天的上課內容都吸收超過八成。

筆談教學法實施到現在，師生上課的狀況輕鬆沒有壓力，學生的學習態度和情緒也很高昂，從不見同學發呆、夢周公。最感欣慰的是，班上同學的數學能力都進步許多，每次段考全班的及格率能達到九成，這是一個雙贏的局面。

學習可以像大潤發販售貨物一樣，商品要先分類再上架，讀書也是一樣，閱讀時要及時整理、分類，且閱讀完一部分就先把書闔起來，回想剛剛讀過的內容，會使印象更深刻。

## 鍾老師教室

這個筆談式教學法的構想，是來自於無痛存錢法的概念。

年初兒子送我一隻塑膠的紅色小豬，我隨手把它置於家門口的書櫃上。每天下班回家換衣服的時候，口袋的零錢常一不小心就掉落滿地，很苦惱。索性一進家門就把口袋的零錢都投進小豬。方便、習慣性的行為，沒什麼在意，二個月後，發現小豬已經存滿錢了，金額超過三千元。

這種反射性的存錢習慣，在自然無意中就能產生能力。筆談教學運用相同的道理，藉由教材內容由淺入深的編序，讓學生在習慣、無壓力的情境下累積實力，唯一的要求就是持之以恆，而所達成的好效果也常常在意料之外。

就像我經常被人問起：「您是做什麼的？」

「國中數學老師。」

大部分人都會嘆息的說：「數學好難，我最害怕數學了。」

其實數學一點都不難，只是沒找到適合方法，對症下藥。學習數學的過程，就像堆砌積木；一個觀念就是一塊積木，一塊、二塊、三塊……堆積而起。所以學習的歷程中最怕丟三落四，缺東缺西，如果能透過定期檢測，逐步補強，把缺少以及不穩的積木，補齊與打穩基礎，就可以有效率且踏實的把能力堆砌好，達到預期的目標。

以下是我設計的筆談教學：

規則一：老師前一天會圈出三至五題隔日需完成的題目。孩子一早到校就到老師的桌上拿練習本，並利用課餘時間完成題目。下午四點前必須將題本放回老師桌上。

規則二：老師檢視學生繳交的作答，遇有錯誤之處，直接在本子上詳細解題過程。學生看懂之後，要在空白紙再作一次。老師寫的解題過程有不懂之處，一定要利用中午時間來找老師晤談。

每天持續筆談，每天平均四個題目，一個月二十天，學生可以精熟八十道題目。如此的設計，一來可以掌握學生的學習進度與應學的範圍，再來可以在輕鬆無負擔的情境之下，養成每天寫數學的規律習慣與屬於自己的讀書方法。

# 技職班更要念好書

吃完中飯，我到操場散步時，看到十幾位穿著棒球衣的學生在紅磚操場罰站，詢問之下，原來他們上課愛講話，老師講也不聽、罵也沒有效果，唯一的方法，就是請導師與棒球隊的教練來協助。

這群十三、四歲的孩子，大部分都不是運動天才或體育精英。每天早上七點開始練球，八點二十分回到教室準備上第一堂課；下午第一節下課後，三點鐘又要繼續練球，持續到晚上六點才回家。當學生洗完澡、吃完飯，一天體力已經消耗得差不多，別說沒有心情預習明天上課的內容，就連回家功課也是能閃就閃，能拖就拖。錯誤的循環在日積月累之下，讓大部分同學對課業抱著得過且過的心態，就如學生們平常聊天說的：「只要有球技，會考成績不要差的太過分，就有公立學校可以唸了。」

這個觀念總是讓擔任體育班數學老師的我非常憂心，因為大多數國中體育班的學生，學科程度都不太理想。長時間練球，再加上欠缺自修自省的能力，如果他們的運動成績能不斷締造佳績，或許還可以經由保送甄試的升學管道進入大學。可是進了大學之後的訓練比賽，如果不小心受傷又沒有好好復健，衍生的後遺症很有可能逐漸發作。只要運動成績退步，課業程度又沒有一定水準，即使是運動精英也會快速凋零。

今年的聖誕節假期，畢業到日本發展的學長返校探望學弟們，他便以日本打球的經驗提醒學弟，課業對運動員真的很重要，絕對不是可有可無。

學長說：「在日本的體育班，假使課業沒有達到一定水準，球技再怎麼突出也難有上場比賽的機會，更談不上先發球員。」

我以為畢業學長的話會讓他們奮發向上專注於自己的課業，但感觸歸感觸，實際執行又是另外一回事，這群孩子對待課業的態度仍然和之前一樣鬆散。

體育班學生大多對自己的課業缺乏主動積極的態度，因此課業方面比起同儕明顯不足，內心潛在的自卑，更導致他們求學的心理素質低落。這些孩子，除非能持續在運動競技上不被淘汰，否則當他們有一天因為運動傷害被迫離開運動場時，恐怕連基本謀生技能都成問題。

我是個老師，應該如何幫幫這些孩子？擔任體育班導師，用實際的行動去陪伴孩子求知、成長，是一個不錯的選擇。

## 知識與技能應該並重

技職專班的學程教學強調生活化，透過實務練習而後導向理論的學習，藉以激發學生的學習興趣，增進自信心，開發內在的潛能，並滿足對技藝有興趣學生的需求，使具有任何性向的學生都有公平的就學機會，達成適性教育的理想。

教育部從一〇二學年起開辦五十三個「國中技藝教育專班」，在國三階段實施，課程內容與鄰近高職合作，並結合產業及地方特色。我服務的學校也申請了這個專班，經過多次會議討論，學校為此召開家長說明會，希望符合這些資格的同學們可以多一種升學的管道。

我推薦了班上三位有技職傾向的同學報名甄試，這三位同學各有所長，學業表現在中等之上。在我個人的認知中，讀技職教育必須學術與技術合而為一，所以不僅要讀書，而且也要學技術，會比讀高中辛苦。然而許多家長都認為：不會讀書，不如去職校學一技之長。其實我不這麼認為，技術必須靠理論去支持，而理論則要靠技術去實踐，二者相輔相乘，才能發揮一加一大於二的功效。

我很榮幸能擔任第一屆技職專班的數學老師，因為國三生馬上要畢業，必須參加會考，所以我花了很多的心思，期盼在有限的支援與時間上，給同學最有效率的學習。因為技專班的授課節數較少，例如數學課，普通班五節、體育班四節，而技專班只有三節。課程的安排上，星期一、二、三、四上午，學生要到技職學校上課，回到學校常常已經過了用餐時間，加上舟車勞頓，中午又沒有很好的休憩，下午上課學生的精神一定不好，夢周公的比比皆是。只好各退一步，老師認真教學，而學生至少要學一技之長。

空有技術沒有學術理論作根據，只會做不會表達，一輩子將只是工人階層；站在台前就會有影響力。這是我常常和學生分享的理論，希望學生不僅要學，還要有研究與發表的能力，技術純熟只是對技職專班最低的要求。

為孩子找到生命的亮點與施力點，發揮潛能，盡情揮灑彩繪自己的天空，成就自己也貢獻社會，是每一個教育工作者的職責。技職專班的設計是期望透過技藝教育學程，提供學生適合其能力、性向及興趣的教育機會，並導引學生在生涯規劃能得到最佳適性發展，以充分發展其潛能，為繼續升讀職業學校或實用技能學程奠定基礎。

只是目前在一般的家長觀念中，家中的孩子不愛念書，與其痛苦的上學，不如讀高職學一技之長，殊不知即使讀高職，國、英、數等科目還是很重要。例如，資料處理的計算機概論要用到數學，汽車科的先進科技是英文簡介，發表報告或論文時的文字遣詞需要用到國文；高職畢業要繼續升學，統測時還是要考英文、數學。求學的態度與精神是支持孩子向前進的力量，所以家長選擇讓學生學習一技之長前，對於孩子的課業仍然需要特別重視。而個人認為做學問、學技能的首要基礎條件就是靜心。

靜心、養氣不一定要靠打坐，讓學生感受到成就感，是我引導技職專班某些無法靜心閱讀孩子的妙方。

通常不愛讀書的同學都無法久坐，我的方法是，選擇一本書，挑選書中約五分鐘的內容，並請學生們都準備一張白紙和一隻筆。

我首先會和學生一起分享書中的內容概要與心得，再請學生自己「讀完」，在閱讀時，我會要求孩子把有感覺的部分寫下來。接著請他們分享自己的想法。

從短時間的靜心閱讀、分享，一點一滴的增加，習慣了之後，慢慢地也就拉長了他們讀書的時間。

## 行行出狀元

日本暢銷作家村上龍在《工作大未來—從十三歲開始迎向世界》書中主張：「世界上只分成兩種人，從事自己喜歡且適合自己工作，並藉此生活的人，以及不是那樣過活的人。」

而且，要從十三歲開始就發掘自己的興趣。

小玲的功課在班上排次約在十名左右，成績並不特別突出，也沒能達到母親的期望。小玲媽媽總是怪罪她愛玩不用功，叼念她以這種成績，一定不能考上公立高中。因此小玲和母親的衝突不斷，甚至賭氣說，她不參加會考，也不讀高中了。為了展現不讀高中的決心，小玲申請轉進技職專班。小玲母親為此氣得不和她說話，母女冷戰了起來。

不曉得是要和母親爭一口氣，還是真正找到了興趣目標，小玲轉進技職專班之後，學習比以前在原班認真，不僅課業能保持一定的水準，技藝學程更是名列前茅。而在天時、地利、人和的加持下，畢業時，小玲領到市長獎，更如願考上台北商業技術學院的五專部。

日前小玲還特地回學校，以親身的經歷告訴技職專班的學弟妹，即使在不被看好的情境下，只要自己願意努力、下定決心，一定可以超越預期的目標。

## 鍾老師教室

國中技職專班是提供學生適性發展的管道，讓國中生了解自己的職業性向，找出未來發展的專業項目與興趣。

孩子如果能透過專班的廚藝、室內設計、美容美髮、表演藝術等課程，重拾學習的興趣和自我價值，走向專業，結合市場，為自己開創一片天，絕對是一件好事。

所以為人父母者，對於有興趣就讀技職專班的孩子，應該擁有雙保險的想法，孩子早一點探究自己的技職傾向，課業上仍然可以並重，一舉兩得。

老師存在的價值在於學生的需要，期許自己當一天的老師，除了要全力滿足學生的需要與合理的想要外，對自己的本質學能也不斷精進，因為以身作則是引導孩子向上提升的最好方法。

# 二、衝突篇

# 孩子闖禍了，該怎麼處理？

孩子闖了禍，

我會採用「停、看、聽」三個步驟：

停——放下手邊工作，和顏悅色，專心認真地面對闖禍的孩子。

看——注視孩子的眼睛，觀察孩子的行為舉止，找出孩子想要傳達的訊息。

聽——先讓孩子說，耐心傾聽孩子的敘述。最好能用紙筆摘記下孩子說話的重點，找出問題的癥結，正確判斷處理的方法與作法。

# 當玩鬧變成打架

上跳繩課時，俊清跟老師說：「我身體不舒服，可不可在旁邊休息一下？」

老師關心的說：「去保健室檢查一下比較好。」

俊清回答：「只是肚子怪怪的，坐著休息一下就好了。」俊清走到角落，背靠著牆壁坐下休息。

體育老師繼續指導學生的跳繩技巧。

約莫過了十分鐘，進行到了團體跳繩的課程，在一旁休息的俊清覺得自己好多了，想和同學一起跳繩，沒和老師說，就逕自衝進了團體跳繩的人群中。

傑明被突然衝進來的俊清嚇了一大跳，抬起的右腳正好踢中俊清的生殖器官；俊清扶著重要部位痛得大叫。體育老師見狀，連忙叫校護支援，並請救護車將俊清送到醫院。

經醫院檢查處置後，校護回校報告，俊清並無大礙，只是被踢到的部位腫了起來，一時不方便到校上學。

學生沒有受到不可彌補的傷害，體育老師自我檢討也覺得自己沒有疏失，所以除了關心學生的健康狀況，繼續努力教學外，沒作多想。

沒想到卻引發家長的不滿與反彈。因為受傷的俊清回家後，為了怕被父母指責，俊清在敘述事件的經過時，只說他上體育課時被同學踢傷；隻字未提自己衝入團體跳繩、嚇到同學的部分，因而引爆了他們氣憤的因子。

可能是俊清父母未接到學校來電說明，加上心疼孩子受傷，於是在氣頭上，未經查證即刻拿起電話撥打1999，向教育局反映；孩子在體育課時被同學踢傷，並控告體育老師不理不睬與學校失職。

一般來說，家長舉發教師的不當行為後，教育局會發公文請學校回覆；學校則請老師說明，之後，學校再以公文上呈。教育局則將學校回覆轉知家長。

老師單方面的陳述事實，一定與學生的說法差異甚大，於是家長火氣再起，主觀認為教育主管機關官官相護，袒護自己人；於是又借助民意代表的力量，向教育局與學校施壓。

這一來一往，學校和老師都為了單一事件，疲於奔命，心力交瘁，哪裡還有精神和體力為其他學生和家長服務。

如果當下體育老師跟去醫院，在確定孩子身體狀況沒有大礙之後，立刻打電話向家長解釋整件事的經過，提醒家長保留就醫所花費的收據，便於辦理學生意外保險給付。

如此一來，不僅讓家長了解事件的來龍去脈，表達學校的關心外，也可以一併告知後續學生的上學注意事項與孩子的權利與義務。

在缺乏親師之間的直接對話，學生避重就輕、搪塞卸責，因而引發了後續許多不必要的紛擾。

## 家長和老師面對面，就能創造雙贏

另一個例子是，放學後的下午七點，我接到一位家長的來電。家長氣憤地說，他的孩子A在社子棒球場練完球，等公車要回家時，被另一個同學B打；A被B重摔在地，B還用腳踹A的臉。他現在正要去現場，處理打人的那個孩子，先跟老師知會一聲。

我請家長不要衝動，我馬上過去，家長同意一定會等我到了再處理。到了現場，一問之下，原來是一群孩子拿帽子在玩，你丟過來我丟過去，A不小心將帽子丟到B臉上，孩子們要A向B道歉；A覺得大家在玩鬧，而且B同學也沒有受傷，所以就不予理會。B覺得受委屈，於是用他厚實的臂膀鎖住A的脖子，A當然會想反抗，他一用力掙扎，兩個孩子就因重心不穩，一起摔到在地上時，B的腳不小心踢到A的臉……。

事情的經過，經同學傳述之後，真相比較清楚呈現了。

當導師的我還好平日親師生關係維繫還不錯，所以當學生發生任何狀況時，不論是學生或家長先知道，我都一定都會被告知，也因此免去了一場無謂的紛爭。

## 鍾老師教室

教育現場常發生類似這樣的事件，很多教育人員在無奈、無助的交互影響下，久而久之，幾乎都成了驚弓之鳥，抱著多一事不如少一事的鴕鳥心態，親師之間的關係因而更加疏離。

教育為百年大計，親師生應該為夥伴關係，不應視為仇敵。然而忙碌的現實生活，大部分人的步調很快，人際關係卻很冷淡，很多人都活在自己的小象牙塔內，連最基本的傾聽都沒有耐心，更難談到良性溝通和忍讓。

所以當問題發生時，無論是老師、家長或學生，都各自有自己的說法和遊戲規則。

以俊清受傷的事件來說，如果一開始學校就請家長和學校老師面對面，說明清楚事情的來龍去脈，表達關心孩子及處理問題的誠意，雙方便很容易取得共識。

學生是未來的主人翁，學生依賴老師的教導，這麼密切的夥伴關係至少持續三年，彼此的了解與默契，如果連溝通的管道都不暢通，親師生根本無法達成學習共同體的目標。

## 理解孩子，爸爸媽媽可以這樣做

孩子與父母親所生長的年代與環境都不同，很多想法當然也會不一樣，所以要「懂」孩子，必須花更多的心思。

在我帶班的歷程中，「教養簿」是不可或缺的好工具。每天早自習，我到班上的第一件事就是環顧全班小孩的臉色，並記錄起來。只要短短的時間，就很容易察覺哪一個孩子昨天晚睡、哪一個孩子有心事、哪一個孩子在放空……面對這些可能造成闖禍的因子，適時的察覺、表達關懷，最後都可以幫助孩子，走出困難。

因此建議每位爸爸媽媽也能擁有一本教養簿，這本小簿子不僅可以成為與孩子溝通的祕笈，處理孩子犯錯時，馬上看教養簿，自然就擁有緩衝的時間，避免自己成為野蠻人。

# 放下身段，拉近和孩子的距離

四十歲才起步挑戰教養國中生，第一天到學校，同仁就好意提醒我，未來要接的班級問題比較多，很有挑戰性：「鍾老師，您要加油。」

訓導主任接著提醒我：「您班上的同學過度活潑，生活常規比較不受控制，每一個任課老師都叫苦連天，七年級的導師受不了，辭職不幹了。」

兩星期後的星期一是全校返校日，一早開完工作協調會議，準備降妖伏魔的我，抬頭挺胸、信心滿滿往班上的方向挺進，好奇即將帶領的班級有什麼三頭六臂，為什麼所有老師都避之唯恐不及。才剛走近教室，眼前所見的景象令我無法置信，這是國中生的教室嗎？那些孩子是國中八年級學生嗎？教室內的桌椅如同地震剛過一般，歪七扭八、亂成一團；黑板上畫滿塗鴉、許多超齡與不雅的詞句。最恐怖的是教室後面，堆積了寬約三十公分，高約十公分的垃圾長廊，飄散著惡臭。我還沒認識班上學生，光眼前所見的景象，已不難理解七年級導師被氣跑的原因。

這是班上同學送給我的第一個見面禮，煩躁的情緒浮上心頭，擠壓了原本對學校不滿的情緒；當下頭很痛，任何抱怨都無法改變事實。我踩著沉重步伐走到門口，輕輕地敲敲前門，和學生示意我來了；部分學生回頭看了我一眼，卻沒人理我，他們繼續聊天、玩鬧。

我深吸一口氣，挺胸、微笑、緩步的走上講桌。我沒問為什麼，也沒向他們講道理，鎮定地把學校要發給學生的資料與宣導事項，有條不紊地快速完成；接著我要自我介紹的時候，教室外面傳來其他班級學生的喧鬧聲，班上同學就開始起鬨：「老師，放學了，回家了。」

我靈機一動，覺得這無疑是一帖最好的特效藥，也是我重新掌握主導權的契機。於是，我忍住滿滿怒氣，面帶微笑的宣布：「好，放學。」

從學生面露懷疑的表情，我明白第一步的心理戰奏效了。

我以很堅定的口吻，慢慢的說一次：「放學。」

我率先走出教室，站在走廊，一一和學生道再見。

等到學生都離開了，我又走回教室，準備要完成一項不可能的任務。我手上的清掃夾子才碰到垃圾邊緣，許多蒼蠅和果蠅被驚嚇得往教室的各個角落奔逃；忍著廚餘腐敗的臭味，把垃圾都放到垃圾袋內。約莫十分鐘後，兩位男同學走進教室，我開心地以為孩子因愧疚要回來幫忙，急忙開口向學生說謝謝。

沒想到學生卻大笑著說：「老師，您想太多了，我們是回來拿東西的。」

離開時，他們還以戲謔的口吻說道：「老師，我們班上有兩個好朋友，他們的名字叫做蒼蠅和果蠅。」兩個學生邊說邊打鬧著離開。

我忍著性子，花了近二個小時的時間，獨自把教室所有垃圾塞進六個黑色大垃圾袋，然後搬到垃圾集中場。

此時，我心中的擔憂是，教室的垃圾容易清理，學生心中的垃圾該如何清理呢？這是學校沒有教的學問。如何重建學生的生活與求學態度，困擾了我接下來的暑假。

## 馴服叛逆的三法寶

開學日，走進教室，果然不出我所料，教室的景象和返校日當天差不多，只是垃圾比較少了，蒼蠅和果蠅也搬家了。

我走到講台，學生們才慢慢地回到自己的座位；猜想他們已經開始對我產生好奇，尋找機會再下個猛藥，相信會更有效果。我放好文件，不發一語的捲起袖子，先把黑板擦乾淨，然後走到教室後方，戴上口罩，拿起打掃用具，開始掃地和清理垃圾。自以為這樣的主動積極，至少會得到部分學生的共鳴，自動加入打掃行列。唉！沒想到我又猜錯了，班上沒有任何一個同學出手相助。當下我已回不了頭，做都做了，做完再想其他方法吧。

**多聽、多做、少說，是我馴服叛逆的三法寶**。

開學的第一天，除了上課與宣布學校的重要規定外，我沒有和學生們多說話，整天都是以微笑輕鬆的態度來面對學生給我的考驗。

第二天，仍然保持前一天的態度，上課、打掃。沒有課務的時間就留在班上陪同學上課。中午時分，正當我要去倒垃圾的時候，有學生說話了：「老師，您不要清了！沒有用的，我們還是會丟的。」

我微笑地對同學說：「你願意提醒老師，表示老師已經跨出了一大步，謝謝你。」

第三天、第四天，垃圾量一天比一天少，教室的整潔和秩序也一天比一天好；信心大增的我，知道已經到該出手的時候。

第五天，也就是星期五，我向科任老師借了一整個下午的課，準備要上台說話了。由於這是開學後我第一次主動發表談話，同學們都很好奇我要講什麼，教室很快就安靜下來。

我閉起眼睛，不發一語，直到聽見台下傳來竊竊私語的聲音，我才將眼睛睜開，用溫和態度與和藹語氣告訴同學：「老師剛剛在享受這五天來難得的安靜。」

全班同學都笑了。

好的開始是成功的一半，我把握這難得時機，繼續說：「老師很喜歡乾淨，如果同學願意幫老師把教室打掃乾淨，老師願意請同學喝飲料。」

學生一來樂得不用上課，二來可以邊玩邊洗牆刷地，很興奮地答應我。我們放著輕快的音樂，嬉鬧中，才一個多小時的光景，就將教室刷洗得乾淨清爽。

我請同學先不要把桌椅搬進教室，全班同學或坐或躺在地板上，聽著音響流洩出的柔和音樂。這時候校長正好來巡堂，他站在門口對著我們說：「這是我認識的八班嗎？印象中八班的教室很髒亂，怎麼可能這麼乾淨？」

其實是我事先請校長協助我所演一場戲。延續校長的問題，我大聲的對學生說：「有沒有信心向校長保證，從今天開始八班都會很乾淨？」

同學的情緒正high，異口同聲的大聲說：「沒問題。」

校長笑容滿面的讚賞學生後就離開了。

此時，我不知道學生有何感受，但我自己非常感動。接下來的週休二日，我終於可以悠閒無負擔的休息了。

故事就這麼結束了嗎？

當然還沒。班上的整潔方面雖然有明顯的改善，可是孩子們愛玩的個性卻沒有停止。

有一天中午用餐時間，一個頑皮學生將番茄朝著快轉的電扇丟去，番茄醬立即有如天女散花般撒向附近的同學，於是三字經夾雜著吵鬧聲充滿整個班級……眼見秩序快要失控，正在用餐的我連忙將闖禍的同學架開，請他先去廁所清洗，接著把受到無妄之災的六名同學，集合到教室外面的洗手台整理衣褲。

處理事件的過程中，我沒有動怒，更沒有責備任何一個人。

放學後，那位闖禍的同學來找我，誠懇地向我道歉。

我拍拍他的肩，告訴他：「沒事、沒事，如果你有足夠的勇氣，明天應該向同學們道歉。」然後請他趕快回家。

隔天早上，我到學校的時候，校門口停了一台知名連鎖店的餐車，非常顯眼，昨天那個闖禍的同學從餐車走下來。

孩子說：「他的父親為了感謝班上同學不跟他計較，原諒他的過錯，決定請全班同學吃一星期的早餐。」

這應該算是因禍得福吧。

事後，常常有同學會開玩笑的對他說：「下次可以試著丟釋迦，那我們應該會有一個月的早餐可以吃。」

## 老師也會犯錯

班上學生費心要幫六月份生日的我過生日，因為他們知道我從不過生日，更不願意學生用父母的錢幫老師過生日，所以他們暗地策劃了很久，打算用回收紙做卡片，上家政課時請老師教他們做蛋糕。學生知道如果讓我發現，我一定會全力制止，一切都秘密進行，班上所有任課老師都知道了，只有我不知道。

直到我生日的前一週，還是被我無意中發現了。我強烈阻止，除了還給孩子已花費的金錢，還命令他們不可以再繼續這件事。孩子們的不滿全寫在臉上，當時我認為自己早已表明不過生日，他們還瞞著我進行，我有一點被欺騙的感覺，所以對於孩子的不滿也就不以為意。

星期六在家打開電腦，看見社群上學生對我的評批毫不留情：

「拿一些錢給我，當我們是狗嗎，也不想想我們為他付出多少。」
「我們又沒有花錢買蛋糕，為什麼指責我們？」
「為他做太多也沒用，就是一個聖人。」
「不要管他，沒有必要跟一隻大肥豬生氣……」

我看著孩子們的留言，開始自我反省，發現自己真的錯了。

於是在網路寫下：「我知道傷害已造成，再多的對不起，也無法彌補你們受傷的心，所以你們所有指責，老師全部接受，也會虛心檢討，當成最好的借鏡，星期一老師會公開向各位同學致歉。不過老師還是要告訴你們，在社群網路指責別人，可能違犯公然侮辱罪的刑責，為了自己的安全，請各位不要再寫了，順便把已經寫的刪除，以免留有證據。」

星期一，我和學生致歉了。但傷害已經造成，彼此的相處不像之前那麼自然，產生了一些距離。

我後來想想，自己太過於急躁，其實默默接受同學的祝福，一來學生可以學習感恩的心，也學會策辦活動的能力，一舉兩得。最後卻因為自己太堅持莫名的原則，以致破壞了和諧的氣氛。幸好我及時察覺錯誤，並藉此對學生機會教育，老師也會犯錯，做錯沒關係，一定要懂得道歉與改過。

## 鍾老師教室

**放下身段，是和學生們拉近距離最有效的方法之一。**

教育不是結果，而是一段歷程。孩子的教養中，師長為孩子的生命存摺所存入是經驗，這些歷程中有成長、有感動、有痛、有傷、有快樂、有幸福。而師長最期盼孩子做到的是，愛的傳承。

**理解孩子，爸爸媽媽可以這樣做**

學習是一種習慣，當孩子上課聽不懂或覺得枯燥時，就會選擇發呆，漸漸無法跟上老師講課的進度，學習自然乏味無趣。上課發呆休息，下課自然有精神玩鬧，常常會做出令師長都難以理解的事件。

但大多數家長面對孩子的學習狀況，只由學校的段考成績來評斷，以致無法理解孩子一整天在學校，晚上又去補習，為什麼成績還一落千丈？

孩子在學校到底學到什麼？孩子又具備多少國中生應該有的能力？這一切的問題，全都出自於家長無法掌握自己孩子的學習與生活的重心。

理解孩子的學習習慣，建議爸爸媽媽可以這樣做：

1. 與孩子一起討論並理解國中生該培養哪些關鍵能力，並定期審視。新北市新莊國中謝校長在一篇專題論述提出，國中生應該培養下列關鍵能力：精熟及活用課程內涵的能力、明辨是非善惡的能力、創新思考與解決問題的能力、口語與文字表達能力、身心健全的生命力、挫折容忍力與抗壓力、良好人際互動與溝通的能力、欣賞藝文的審美能力、終身學習的能力、正向的自我價值觀。
2. 觀察孩子每天回到家的神情，詢問孩子在學校的大小事，以了解孩子的狀況，及時掌握，及時協助。

3. 引導孩子把每天的學習狀況以條列筆記，並將感觸或心得註記備忘錄，養成知識上架的習慣。如果能同時做到每日三省吾心就更加完美。

4. 培養孩子在睡前規劃好明天的習慣，讓孩子確實清楚昨日做了什麼，今日完成的事，明日的計劃是什麼。習慣成自然，愈早養成好習慣，就能愈早享受好習慣帶來的成果。

# 聽懂刺蝟的語言

東隆是個轉學生，輔導室送來他抽菸、打架、逃學，甚至打老師的記錄，這些資料告訴我：這是一個令人頭疼的學生。

東隆剛到班上，為了要搶佔地盤，宣誓他與眾不同的能力，頑皮的將手持式小型電風扇的塑膠扇頁取下來，裝上鋒利的美工刀片；只要電風扇開關一開，鋒利的刀片就會隨著馬達的轉動而旋轉，成了一個可以傷人的武器。東隆得意洋洋的稱它為血滴子，以炫耀的方式到處嚇唬同學。

旁觀的祈明受到驚嚇後，大罵東隆幼稚、無聊，在旁的同學也過來聲援祈明，請東隆不要做這麼危險的動作。面對同儕的指責，面子掛不住的東隆與祈明起了肢體衝突，在搶奪血滴子的混亂中，祈明受了傷，被同學送進到保健室。正在開會的我接到校護的通知，連忙跑到保健室了解狀況。幸好，祈明受的傷很輕微，只要簡單的消毒包紮。

我打電話給祈明的父親，解釋事件的經過和致歉後，家長正向的回應有如一股暖流消減了我的怒氣。走到訓導處，東隆正在罰站，學校請我打電話給東隆的家長，請他們到學校來一趟。當我打電話給東隆的父親，告知事件發生的狀況並請他到校時，電話那一端傳來不耐煩、大驚小怪的回應。

東隆父親氣沖沖地趕到學校，我被他手上拿著的板手和鐵鎚嚇到了；他一身檳榔味一開口就質問我，為何要叫他來學校。我小心地告訴他，事件發生的經過，深怕一個不合宜的話語和舉止，他手上的工具會成為傷人的武器。

我的話還沒說完，東隆父親就搶著回話：「人又沒死，幹嘛大驚小怪，要賠多少錢，孩子要如何處罰，你們不是有校規嗎？動不動就要家長來學校，不覺得很過分嗎？要怎麼辦，隨便你們，我要回去修車了。」東隆父親說完就氣沖沖地離開了。

我走回訓導處，但沒把剛剛那一場驚魂記告訴主任，只是請主任讓我把孩子帶走；經我再三的請求，主任才勉為其難的答應讓我處理。

今天的天氣很適合散步，大自然對煩悶的情緒療養有立竿見影的效果。

我帶著東隆在校園，邊走邊聽著他敘述事件的經過，他對同學仍懷有敵意，認為是祈明無故搶他的東西才會受傷，所以祈明是自找罪受。

我和東隆面對面坐著，我告訴東隆，當我在高中的時候，為了要掩飾自己的英文能力很差，常常去買英文報紙，假裝自己英文程度很好，其實百分之九十的內容我都看不懂。同學發現後，大肆宣傳且譏諷我打腫臉充胖子。

過度的自卑引起的自大心理，我和同學發生了激烈衝突，一場爭鬥的結果是，除了受傷的傷口很痛，還被學校記了一個大過，也賠了為數不小的醫藥費，而最大的損失是失去了原有的好人緣。

## 我知道，老師懂你的心

國中生其實很單純，只要細心觀察，很容易就可以體會孩子所想要表達的訊息。當察覺孩子以眼神回饋支持的言語時，為人師長者應該適時告訴孩子，我知道，老師懂你的心。

我注意到東隆似乎有所認同，接著告訴他另一個故事。

當我還沒有當老師，在私立學校當職員時，有一個體能很好的男學生傑森，因為不滿歷史老師不准他在上課吃零食，他氣憤的揮起手打破玻璃窗，然後跑出學校。我看到學生跑出校門，沒多想就追了出去，傑森雖然受了傷卻跑得很快，我太胖了，根本追不到他。傑森流血過多，體力耗盡，突然昏倒路旁，我趕忙追了上去，見他淚流滿面虛弱的平躺著。

救護車把受傷的傑森送到醫院，還好只是縫了幾針，休養幾天就沒事了。回到學校，我看到那位無辜的歷史老師自責無力的神情，其實我也不知道當下如果我是他，是否會阻止學生上課吃零食。

下班後，我帶著晚餐去醫院探望傑森，父母不停的責罵他，為什麼不懂事，為什麼一直讓家人操心。傑森躺著床上，背對著父母親，逃避他們的疲勞轟炸。

我請家長先去吃晚餐，然後在病床邊坐了下來，「傑森，你還好嗎？」

「老師，我是不是闖禍了？」傑森不安的問。

我用很堅定的口氣告訴他，「接下來我們要做的，是彌補因一時衝動所影響的人事物，光想是不是闖禍了，不僅無濟於事，反而會讓自己更加苦悶。」

傑森好奇地問：「老師，你怎麼沒有問我，為什麼會做出如此激烈的舉動。」

我很有自信的告訴孩子，「等到你主動去和歷史老師道歉，並接受學校的校規處分，這個事件就會圓滿。你也能毫無負擔地檢討自己的過錯，是另一個成長的開始。」

「老師，我失戀了。」傑森的眼淚掉了下來，「上歷史課前的那一節下課，交往二個月的女同學約我在操場見面，我滿懷興奮地想請她吃新口味的洋芋片。可是沒想到，她卻說爸爸媽媽知道她交男朋友，非常生氣，嚴格限制她的時間，不可以再和我見面。大人都一樣，自己可以交男女朋友，為什麼我們就要被拆散？歷史老師愈不讓我吃零食，我就是要吃，我就是不爽，她活該，誰叫她要管我。」

面對如此錯誤的觀點，其實我可以大聲斥責，因為做錯事的是學生，不是老師。但我沒有這樣做，因為我很清楚，學生願意說出心裡的話，讓我知道真正的原因，是導正學生觀念的大好機會。

傑森講了很多他和女同學認識的過程，彼此如何喜歡，還談到父母都很過分，這個也不能做，那個也不准做。我並沒有發表任何意見，除了偷偷錄音外，就是輕聲應和著。

傑森康復出院了，幾天來的傾聽，無形中建立了我和他不錯的師生關係。選了一天天氣晴朗，風和日麗的傍晚，我和傑森坐在草皮中央，良好的視野和環境可以讓人有好的情緒。

我一開口就和傑森道歉，請他原諒我。

傑森很帥氣的告訴我：「老師對我這麼好，不管什麼事，都不會怪罪老師。」

我把在醫院的錄音，中間穿插了給孩子的話，放給傑森聽。聽著聽著，傑森原本輕鬆微笑的表情逐漸轉為凝重嚴肅。這一帖猛藥會不會太重了，我的心情七上八下。

幸好，傑森很有耐心地把錄音聽完，眼淚爬滿了他的雙頰。我遞了一張衛生紙給他，再向他說對不起。

傑森連忙停下原本擦淚的動作，結巴地說：「老師，謝謝您讓我知道了自己的幼稚，是我不對，我會去向爸媽和歷史老師道歉，請求他們原諒。」

傑森向我要了錄音檔案，說要隨時警惕自己。

講到這裡，我停了下來，東隆馬上反應問我，剛剛的談話有沒有錄音，我回答沒有。台語說「打斷手骨顛倒勇」，學生有自我療養的能力，和東隆談這些故事，我想要比任何處罰還要有效益。

醫好東隆的心病後，藉由保養車子的機會，我也和東隆父親變成了好朋友。

在學校待了一年後，學生的生活作息和求學態度都慢慢步上了正軌，各項競賽與學業成績都名列前茅。我的辛勤努力終於得到成果，這帶給我很大的成就感。我想一位老師所需要的回饋，應該就是這種開心的感覺吧。

前些日子東隆父親告訴我，東隆仍然繼續改裝他的血滴子，並且做為生財的工具，混的還不錯。「混」？我緊張的追問，原來東隆現在是某知名五星級飯店的日本料理主廚，在業界還小有名氣。我一定要找機會去嚐嚐他的手藝，告訴他：「老師以你為榮。」

## 鍾老師教室

或許是直通通的桌椅擺設、硬邦邦的課程內容、單行道的授課方式、課業壓力等等關係，很多學生似乎忘了這個年紀應該是快樂的。

**我認為要幫助孩子學習，首先要了解他們的語言。**

十三、四歲的國中生正值發育黃金期，這個階段的孩子對任何事都是好奇、愛玩的，舉凡掃廁所玩水、在操場上玩紅綠燈、連發現到書櫃裡有隻蟑螂，都會覺得有趣好玩。

這些頑皮的孩子，保留了青少年敢說敢問的基本特質，只要禮貌和態度上再加強一點就會更完美。

下課鐘響，我走回教室的途中，三個八年級的孩子聚在一起聊天，其中一個孩子轉頭對著我，嘻笑著說：「老師！你真的很胖耶。」

我怎能放過這麼好的機會教育，我停下腳步，回頭笑笑的對這群學生說：「原來被你們發現了，老師也覺得自己最近變胖了，該運動了。」

學生們響起開懷的笑聲，我知道這次的機智問答又過關了，也得到了很棒的禮物。

從那一天起，這些頑皮又可愛的孩子看到我，就會主動大聲的說：「老師好～胖。」

真誠的笑容與問好聲，對我來說，是年輕世代的語言，是親近與尊重老師的另類表現。

# 嗆老師，只是想引起注意

**當孩子說話不合宜時，別急著責罵，他們只是用另一種語言來傳達情緒。**

七年級的小豪自我意識高漲，不受管教，在多數師長面前就像噴火恐龍一樣，老師只要糾正他，小豪自然反射動作就是大聲回嗆老師，態度極為惡劣且不服管教。師生爭吵的戲碼，上演了幾次之後，老師們都累了，有些老師在不影響其他同學上課的前提下，任由他上課睡覺、發呆；有些老師則要求小豪到輔導室自習。老師們消極的處理方式，無形中助長了小豪的氣焰，也種下了三輸的種子。

小豪升上八年級後，英文課新任的章老師溫文儒雅，氣質非凡，同學們上課的情緒都很高昂。上課十分鐘後，章老師發現小豪正在夢周公，她走到孩子的桌前，輕聲地說：「同學，請不要趴在桌上睡覺。」

小豪抬起頭，一付不屑的態度，眼神瞄向老師，大聲說：「不趴在桌上睡，難道妳要搬張床給我躺著睡。」

章老師忍著忿怒的情緒，平心靜氣的開導他：「年輕大好的時光不應該浪費，身體如果不舒服，可以去保健室。」

小豪不耐煩的回答：「妳真是奇怪唉，這是我的未來，妳是我什麼人，關妳什麼事？」

「我是老師，應該要關心你。」章老師苦口婆心的勸導小豪。

「我可不承認妳是我的老師，妳不要往自己臉上貼金。」

小豪的輕蔑語氣與惡劣態度，把章老師給惹毛了，她氣急敗壞地大聲說：「你真的是朽木不可雕也。」

小豪抓住章老師的氣話，得意地說：「哦！妳慘了！妳罵我是朽木，我要打1999專線告妳歧視我。」

章老師被氣哭了。她打電話給小豪的父母，氣憤地說：「小豪上課睡覺，我好意叫醒他，他不領情就算了，還對我大聲咆哮，目無尊長。學生上課睡覺，難道當老師的我不用叫醒他嗎？」

沒想到，小豪媽媽輕描淡寫的回答：「這個孩子我每天都罵，但就是講不聽，有時被他父親打，他還會還手，我們就是管不動了，所以才交給學校，妳是老師，一定有辦法的，老師就麻煩妳了。」

掛上電話後，章老師無奈的情緒湧上心頭，眼淚不由自主的掉了下來。睜一隻眼閉一隻眼，是很多人的選擇，只是這般消極的作為，影響的不只是孩子本身的未來，還有家庭，甚至社會。為了幫助章老師，我把半年前自己遇到的案例與處置經驗和她分享，供她參考。

## 用寬容的心感化學生

有一次輔導室安排我對九年級學生談生涯規劃，我利用下課時間將電腦和單槍投影機架好，把四十五分鐘的心得分享，當成在校外演講一樣重視。上課時間已經超過五分鐘了，同學們才陸陸續續地回到坐位上，正當輔導組長引言請我上台分享時，有一位男同學才大搖大擺地從後門走進來，大腳一抬用後旋踢的方式將門大力關上。

輔導組長看著那位同學，嚴厲地說：「同學，麻煩你用手關門，好嗎？」男同學雖然照做，但還是使勁地把門甩上，故意弄出很大聲響。

我觀察著男學生的舉動，他很想聽輔導組長的話，又怕被同學看不起，所以表演了使勁摔門的特技。當下，我想如果能不用動怒的方式，把這個事件完美處理，危機就能變成轉機。

我走上台，開始演講，台下的同學反應都還不錯，大多聚精會神地聽我分享。我用眼角餘光瞄到最後一排的那位同學，他趴在桌上，張開眼睛看著簡報。當下我並沒有理會他，繼續進行我的分享，整場演講的氣氛都掌握在我的手中。

眼見時機已經成熟，話鋒一轉，我很真誠的說：「剛剛那位表演後旋踢、長得很帥的同學，他和老師國中時很像，有一股不願被支配的獨特性格。輔導組長糾正他的時候，為了掩蓋不安的情緒，他表演了使勁甩門的特技。幸好輔導組長相當有智慧，沒有當場發怒，否則這場善良與邪惡之間的戰爭，不管誰勝利都是輸家，老師也沒有機會和大家分享了。」話一說完，同學們都會心地笑了。

「我的分享到此，謝謝大家的聆聽。」

令人興奮的掌聲讓我清楚知道，這次入班輔導成功了。

講座已經結束，但我知道任務還沒完，我發現那位帥哥同學也鼓掌了，他的神情和剛上課時很不一樣。我走向他時，他主動站起來並跟我說：「老師好。」

我開心地拍拍他的肩：「我知道你和老師一樣，長大之後一定是個對社會有貢獻的人。」

從那一天開始，我們在校園裡相遇，帥哥同學都會主動與我打招呼。而我也會報以輕輕微笑，拍拍他的肩，滿足地說：「有你真好。」

## 恐龍噴火是為了保護自己

章老師聽了我分享的故事後，一直對小豪讓步，並試著和他溝通，企圖打開他的心結。無奈的是，她和小豪之間的衝突仍然不斷；直到小豪申請轉到技職專班，事件才結束。

我剛好是這個技職專班的數學老師，上課時，雖然小豪不認真，但也安份。我糾正他的坐姿，他會乖乖調整，並非像傳言中的惡劣。

有一天，小豪因為遲到沒趕上技職的課程，所以一個人留在學校自習。我經過教室時，看見小豪正在拼模型，手很靈巧，模型在他的手上，就好像有了生命，拼好的模型栩栩如生。我走進教室稱讚他一下，小豪報以開朗笑容的回饋。

我問小豪：「為什麼對章老師這麼不尊重？」

小豪說：「我又沒有犯錯，她幹嘛沒收我的雨傘？」

原來這一切源起於一個誤會；第一堂英文課，章老師見小豪的雨傘放在桌邊，就順手將傘收到前方講桌，章老師的用意是要讓小豪有更舒適的空間，也不會影響其他人通行，並沒有沒收的意思。但小豪卻誤認為章老師沒收他的雨傘，跟他作對。總結這件事，在雙方沒有良好的溝通下，造成雙輸的結果。

## 鍾老師教室

辦公室的咖啡香吸引我放下手邊的工作，喝著剛煮好的咖啡和同事閒聊。劉老師告訴我，昨天他們班上有一位同學，請他朋友冒充家長，打電話向學校訓導處請假。幸好他警覺性高，回撥電話向家長求證，才揭發這場騙局。

我設想，如果當下導師沒有發現，萬一學生在校外發生事情，誰該負責？這位孩子會請朋友代為請假，除了他不想上學之外，是不是還有其他原因？如果能藉此找出孩子隱含在內心深處的真實感受，對症下藥，他就不會想逃學了。

學生在哪裡，老師就應該在那裡。這是我當老師以來，對自己最基本的要求。

在我擔任導師的班級，我要求學生在每學期的第一次班會中，討論訂定出班級規範，這個班規是我和同學們都必須遵行。目的是希望藉由規律與自發的生活，陶冶學生的行為態度與品格素養。在我任教的班級，一直以來執行的效果都很好。

班規中的放學流程是由我主導的，包含垃圾及資源回收清理、黑板與板溝都必須清理乾淨、粉筆排放整齊，由班級幹部及各科小老師分別主持宣布討論明日行事，門窗關好後，要和同學們、老師道再見。等學生們全部離開之後，由我做最後的巡視並關門。

原本我以為這個放學流程很有創意，也是一個負責任老師應有的作為。這個自我感覺良好持續了一年。

直到孩子們升到八年級時，在討論班規時，他們一致決議刪除這個放學流程。

「老師，放學後我不想回家。爸爸媽媽鬧離婚，整天吵吵鬧鬧的，我回家只能關在房間裡，戴著耳機，雖然可以暫時忘掉無奈和苦悶，但是大人爭吵的戰火隨時都可能轉到我身上。」

「放學後，我想留在教室和同學聊聊天。因為補習班六點半才開始上課，我不想在外面閒晃，我想留在教室慢慢的抄聯絡簿，也可以和同學討論功課。」

「老師，放學後我想留在學校打打球再回家……」

「放學後我想留在教室寫功課……」

學生的心聲，我都聽到了。身為老師和家長雙重身分的我，竟然都沒有發現放學後短暫時間的放鬆，可以帶給孩子如此大的幸福感。

面對孩子合理的要求，我接受了提議，讓他們留在教室。

我也終於明白，老師想要給學生最好的，不一定是學生需要的。

現在許多父母依賴一支手機或方便又免費的通訊軟體掌握孩子的行蹤，但真的知道孩子們在想些什麼？需要的是什麼嗎？

十二年國教的施行，孩子的壓力並未減輕，反而比以往承受了更大的學業壓力與未知。當老師的我沒有能力改變政策，能做的是點燃每一個孩子的學習熱情，盡力滿足學生適宜的需要和想要，讓孩子的學習場域更加生動活潑。

## 理解孩子，爸爸媽媽可以這樣做

學生犯錯了，負有教導之責的師長，第一個反應往往是忿怒、責罵、無言。

其實和青春期的孩子相處並不難，爸爸媽媽可以按照下列方法，一定可以達到事半功倍的效果：

1. 身教重於言教，父母的行為是孩子最大的模仿樣板，所以父母師長一定要特別注意自己的行為舉止。
2. **和孩子對談，不要拐彎抹角**，把要表達的內容一次說清楚。
3. **和孩子溝通時，切忌翻舊帳**，重要、要強調的話語可以寫在紙上，用筆談來避免正面的衝突。一再重複說同樣的話，只會引起孩子的反感。
4. 孩子犯錯時，先想想孩子的優點，再和他把缺點說清楚，不要在心裡做猜想。批評、傷害的話絕不出口。
5. 不要吝惜用語言或行動來傳達對孩子的愛，比如，孩子出門上學前或放學回家後，**給他一個擁抱**，或說「你昨天很棒，今天也要加油喔」，讓孩子能確實感受到父母的關愛。

# 孩子情竇初開，怎麼辦

星期一早上八點，我坐在教室後方的辦公桌簽閱學生的聯絡薄，同年級體育班的導師阿豪氣沖沖地跑來，把我叫到走廊，告訴我一件驚天動地的大事。

阿豪老師說：「星期天，你們班的潔儀和我們班的品均二人去陽明山泡溫泉。」

我聽到之後不可置信，怒氣難抑，在走廊上就大叫潔儀的名字。

我和阿豪把潔儀帶到資源班小教室。

我當場質問：「妳有沒有和體育班的學生去陽明山泡溫泉？」

潔儀低著頭回答：「有。」

聽到這個回答我更生氣了，一直以來我都把班上的學生當成自己的孩子，自己的女兒才十四歲，就單獨和同學上陽明山泡溫泉，這種行為對我來說是莫大的震憾。我氣憤的舉起雙手，猛然往桌子重重捶下。潔儀被發出的聲響嚇到了，臉上立刻掛滿淚痕。我的不捨，也隨著眼淚顯露出來。我要她站在教室反省，我在一旁陪著她，自責自己的衝動。

等我們二個人的心情都平靜下來之後，我先和潔儀說對不起，不應該動手嚇到她。「男女朋友交往，女生要好好保護自己，妳才十四歲，發育尚未完成，如果發生親密關係，懷孕的機率很高。」

我和潔儀分析，如果高中畢業後，她不再升學，那麼在二十歲以前結婚的機率很高，結婚後生小孩，整個人生都被綁住了，不僅無法享受多元的大學生活，而且過早的婚姻，幸福的機率很低。

要離開資源班小教室時，潔儀才告訴我：「老師，你放心，我們還沒去陽明山泡溫泉，只是講好下星期日要去，謝謝老師的訓悔。如果沒有老師的震憾教育，我不會知道問題的嚴重性。從今以後，我一定會好好保護自己的身體。」

現在，潔儀畢業了，在職場上也找到了自己努力的方向。每當她和我通電話時，我總會告訴她，「有困難別忘了要回家。」

潔儀總會笑笑地對我說：「我會的，鍾爸。」

## 鍾老師教室

在孩子的成長過程中，學校扮演了相當重要的角色，人格的養成、知識的獲得、處世之道都可在學校學得；因而老師自然地與學生產生密不可分的關係。而在變遷迅速的多元化社會裡，師生關係也起了些變化，教師並非學生知識唯一的來源。

在教學情境中，不只教師評估學生，學生同樣地在評量教師，師生間的互動多了，彼此的溝通和輔導管教就顯得更加重要。

趙寧教授曾說：「一個建築師可以把他的錯誤拆掉，一個醫師可以把他的錯誤埋葬掉，而一個老師的錯誤，卻會一天天長大，最後影響到整個社會與國家。」

的確，導師對於學生學習生涯的啟蒙、發展，以及人格的成長是那麼重要，國中階段更是型塑良好習性的關鍵點，所以在思考教養的方向與模式時，規律習慣的養成，潛移默化的學習成長，以及懂得付出的感恩心，都是這個時期學生應具備的能力。

我覺得和學生一起學習，不但可一起成長，更可建立良好的師生關係。

## 理解孩子，爸爸媽媽可以這樣做

孩子情竇初開，交男女朋友時，父母親不妨這樣做：

1. 排除「國中生就不該談戀愛」的主觀思維。青春期孩子有欣賞的對象是很正常，跟孩子溝通時，「聽」和「說」一樣重要。讓孩子有機會表達，談戀愛的感覺是什麼；在討論的過程中，適時提醒孩子，愛情一定是從友誼開始的，只有相互尊重、相互寬容的友誼穩固後，才可能得到永久的愛情。

2. **鼓勵孩子多參與團體的活動**。國中階段的孩子都渴望有推心置腹的同性好友，當然也會期盼能吸引異性的注意。但因社會資訊過度強調速食愛情，容易讓孩子混淆「欣賞就是喜歡，喜歡就是愛」，所以父母要鼓勵孩子仍要擁有自己的生活圈，不要就此失去與其他同學相處的快樂，如此可以減少孩子沉醉兩人小世界的機會。

3. 和孩子分享自己在學生時代的戀愛經驗。父母親可以回想自己十二、三歲，心裡在想什麼？感覺又是什麼？讓孩子了解，爸媽也曾經歷過學生時代，能夠理解談戀愛的甜蜜與快樂，並非全然反對，讓孩子知道父母可以當他們的軍師，接納他們的情緒。

4. **與孩子強調身體的自主權，清楚的告訴孩子，性行為與愛情之間不能畫上等號**。發現孩子交男女朋友時，一開始不要一昧的生氣或阻止，可以藉由男女交往的話題引導，討論每個人的身體界限，進而讓孩子了解身體自主的權力，教導孩子勇於表達喜歡與不喜歡的感覺，避免未婚生子、中途輟學、甚至離家出走的憾事發生。

5. 從案例討論身體界線。國中生談感情最難以收拾的狀況就是懷孕了，父母必須事先教導孩子，但不是預設孩子就一定會發生這種狀況。透過一些社會案例，比如：「單親媽媽小青，在十五歲那一年懷孕，男友卻跑了，十八歲，小青認識了第二任男友，但愛情再度破碎，留給她的是現在七個月大的兒子，去年因為繳不起房租，小青挺著七個月大的肚子，被房東趕出門……」，讓孩子知道在還沒有辦法負起當父母的責任前，如何保守身體界線，才是對彼此最好的保護。

# 孩子闖禍了，別急著責罵

「老師，老師，出事了，出事了。」阿智邊從外面衝進教室，邊大喊。

我跟著緊張起來，趕緊詢問發生什麼事。原來是小松把一個學長的制服外套給撕破了，還肇事潛逃。

「那個學長要我告訴小松，今天放學要在校門口堵他，叫他小心點。」

我暫時鬆了一口氣，真正的大事還沒發生。我叫阿智別緊張，老師會處理。

經過一番打聽，原來這位八年級的大哥，其實應該是九年級了，在他七年級時候，曾經嗆老師，甚至動手打老師；八年級隨父母到印尼就學，今年轉學回來，因為父母親認為他在印尼沒有認真讀書，程度無法念九年級，所以回國後自願從八年級開始讀起。

第六節下課的打掃時間，我帶著小松找到了這個大哥。其實第一眼看到這個孩子，便覺得他並沒有傳聞中的惡劣，反而覺得他本性應該是善良的。我向他表明來意，並且要小松向學長道歉。

「犯錯跑掉是大部分人的通病，小松跑掉是因為驚慌害怕，而不是故意，請你不要和小松計較。」接著我把他壞掉的制服外套拿到學校附近的縫紉店，請師傅將它復原。

第七節下課，我又帶著小松把制服外套還給學長，並且請他原諒。

學長問我，「老師，又不是你的錯，你幹嘛那麼客氣。」

「對人客氣是一種禮節，老師對每一個同學都一樣。」

隨後，他以謝謝老師結束我們的談話。

之後，小松問我，「老師，你怎麼沒有叫他不可以在校門堵我。」

我告訴小松，「沒有人會沒事找事，我們該做的都已經做了，他沒有必要去做如此無趣且違反校規的事。放學後，你儘管放心回家，老師保證你沒事。」

## 從錯誤中讓孩子學會負責

下課時間，一位瘦小同學和一位超過一百公斤的同學在走廊上玩鬧，只見瘦小學生跳上壯碩同學的背，想要玩騎馬打仗的遊戲，沒想到壯碩同學不從，向後一倒，一股腦靠坐在門窗上，「砰」窗戶被外力一擠壓，應聲破裂，玻璃碎片散落走廊。身為導師的我剛好目睹這一幕，只覺得好笑又好氣。

學生闖禍了，連忙緊張地跑來向我道歉。

我只說了一句：「破的是玻璃，痛的是你們，老師又不痛。」學生聽到我回答，慌亂的情緒才稍微緩和。我請學生去合作社拿紙箱、報紙，並且準備打掃工具，三個人一起收拾殘局。

放學後，我把闖禍的二位同學留下來，請他們說說自己的看法。二位同學的說法大同小異，先是把過程敘述一遍，接下來承認不該貪玩，然後才是道歉。

我開口：「老師要先和你們說對不起，因為老師沒有及時制止你們打鬧，而差點釀成大禍。再來老師也要提醒你們，不經意的行為經常會造成無法彌補的錯；因為我們三個都有錯，所以損毀玻璃窗須賠償的五百元，老師負責兩百元，你們每人負責一百五十元，如何？」

同學們開心地答應。

隔天三個小孩各自拿了三百元給我。

學生告訴我：「媽媽說，是我們的錯，不是老師，沒有道理要老師一起賠償。」

一個小小貼心，讓班上賺了一百元的班費，一舉兩得。

而從那一天起，班上再也沒有人在走廊上嬉鬧了。

## 孩子不是故意要闖禍

體育課下課前三分鐘，一位學生急忙地跑到教室告訴我：「老師，班上有同學昏倒了。」

我飛快抵達保健室，看見學生一臉虛弱的躺在病床上。學校護士說，學生掉了兩顆牙齒，其餘的狀況都算穩定。

闖禍的孩子似乎受到不小的驚嚇，身體不停發抖。我輕輕扶著他的手臂，要他陪我去操場走走。

學生一直低頭不語。我也沒出聲，只是陪伴著他。兩個人默默的走著。

繞了操場幾圈之後，學生才終於將「老師，對不起」說出口。然而我並沒有出言責罵，只是安靜地聽他敘述事情始末。

他說，體育課跑完步之後，他和受傷的同學在司令台聊天。兩個人聊起上一節健教課的心肺復甦術，如果使用在一般人身上不知道有什麼效果？

愛玩加上好奇心，缺乏正確知識的兩位學生，竟然直接做起心肺復甦術，完全不知道這項救生技能不可以用真人進行練習。

受傷的同學背對司令台的牆面立正站好，由闖禍的同學對他做心肺復甦術。沒想到才按了幾下，他就筆直地倒了下來，臉部著地摔斷兩個門牙，也昏了過去。孩子當下慌了，直覺不能讓他睡著，所以一直大聲叫他。

同學們見狀立即通知我和學校護士。

校護趕到現場時，倒地的同學已經慢慢清醒過來了。他們便立刻將學生送到醫務室，並通知雙方家長。

事情發生後，好心的同事還低聲詢問我，事件發生時，是上課還下課？當下我並不明白兩者之間有何差異，而心繫受傷同學的我，以為同事是關心孩子的狀況，於是回答了一句：「孩子沒事，謝謝。」

事後我才明白，原來同事是擔心我受到無端牽連：如果是下課時間，學生發生意外，導師就必須負責；如果是上課時間，則是任課老師要承擔責任。我並沒有把責任歸屬放在心上，打我從事教職以來，就一直把學生認定為自己的家人，他們所有喜、怒、哀、樂都是我的責任。

雙方家長到校後，經由我的說明和解釋，因為兩個孩子都有責任，家長們也立刻釋懷了。最後，兩位同學還相約去做牙齒，並一起到廟裡拜拜，感情變得更好。

經過這次事件，班上同學變得更珍惜自己的生命。我也和同學立下約定，從那天開始，每天都要給自己的家人深深擁抱，珍惜待在你身旁的所有人。

## 鍾老師教室

處理任何事件，第一步怎麼做最重要，因為只要掌握到孩子自省的時間，下一步就會輕鬆很多。

遇到學生犯錯時，我多會選擇讓他們先說明；就像中醫生看病時的望、聞、問、切程序。

望，觀察學生的表情舉止。

聞，透過聽覺，感覺學生的思緒。

問，針對學生的言語提問，尋求解決方法。

切，綜合先前的功課，正確判斷出學生的需求。

如果能在孩子言談舉止時，簡單的筆記，更可以很輕鬆地分辨學生的特質，找出解決問題的方法。

## 理解孩子，爸爸媽媽可以這樣做

**抑制本能的主觀認知，先了解分析孩子闖禍的主因，是解決問題的關鍵。**

當孩子有不悅表情，或者說話沒有禮貌時，不要急著罵。孩子只是在傳達心裡的感受，先理解他們是用何種語言與師長溝通。

或許是孩子沒有睡好，也或許是有煩惱，心情受影響，或者這是孩子的正常習慣反應；先理解與了解後，設法讓孩子說出問題，再來和孩子討論。等問題緩和後，讓孩子理解臉色和悦對自己及對別人的幫助。

# 看到孩子的需要

十月二十三日是二十四節氣中的霜降，也是秋季的最後一個節氣；意味著進入秋季之後，暑氣慢慢的消退，在夜晚和早晨，地面水蒸汽遇冷就會凝結成露珠，如果遇到更冷的空氣就會結霜，所以這個節氣叫做「霜降」。

雖然東北季風增強，但還未達到結霜的程度。晚上九點三十分，內人坐在床上說故事給兒子聽。這是一個溫馨的時光，房裡傳來媽媽的英文童話故事與兒子快樂的童言童語，母子倆的笑聲不斷，我很享受這種幸福的場景。

手機響了，是班上學生小泰打來的。

「老師，我今天上第九節課的時候，因為媽媽打電話給我，我把電話拿出來接，結果被巡堂老師抓到。」

我很喜歡學生這種主動反省的勇氣，只是對於孩子敘述的真實性仍會抱著懷疑的態度。我回答，「老師知道了，謝謝你告訴我，老師明天會處理。晚安。」

隔天到校，我問小泰，昨天第九節課的預期複習進度。小泰說：「他昨天晚上回家已經完成了。」

小泰晚上常熬夜玩線上遊戲，太認真打怪獸的後果就是，隔天起不了床；一個星期遲到三、四天是常有的事。小泰惹出的小事端不斷，最早是七年級時，某個星期五晚上，宏仁的母親打電話告訴我，宏仁和小泰放學後在教室打架，還好被同學架開，兩人沒有受傷。原來下午上地理課時，小泰的作業沒帶，為了避免挨罰，向隔壁的宏仁借筆記本，並承諾給他五塊錢當酬勞。結果一直到下課，地理老師都沒有檢查作業，一個認為老師沒有檢查所以不算，一個認為已經談好的條件，應該要算數，兩個人的想法沒有一致，從口語爭吵到大打出手。

了解整件事情的原由後，我在電話中先安撫二位學生，並承諾星期一會處理；

接著用手機向二位家長致歉並說明原委。這一來一往花費了我近二個小時的時間，還有超過五塊錢百倍的電話費。

星期一到學校之後，我請二位同學一起到司令台。我們三個人面對操場，我坐在中間，經過星期假日的沉澱與環境的療效，當我請他們陳述過程時，宏仁馬上跟我說對不起，小泰也跟著說對不起。

我請他們握手擁抱，很快化解了這場紛爭。這種不花費任何子彈贏來的勝利，果實特別甜蜜。

學生的行為舉止，有形無形中會透露出其獨有的特質。

小泰又出事了，這次是威廷來告狀。

威廷說：「小泰一直跟他借衛生紙，而且上課借、下課也借，整包借給他，用完了不說也不還，真的是太過分了。」

我把小泰找來。

小泰不耐煩的說：「我這兩天感冒，一直打噴嚏、流鼻水，才和威廷借衛生紙，我又沒有說不還他，只是忘記從家裡帶來，這種小事他還向老師打小報告，威廷實在很沒義氣，太過分了。」

旁觀者很容易就可以察覺小泰貪小便宜、大而化之的壞習慣已養成，如果不適時導正，等壞習慣變成自然反射，再來糾正會花費倍增的時間與精力。

我告訴小泰，「如果聽聽自己說話的內容，就會發現自己的言語疏失。」當我把錄音內容放給小泰聽之後，他認為衛生紙應該自己準備，向同學借衛生紙的態度也不對，更不該罵同學小器、過分。

我接著說：「好習慣的養成可以享受一輩子，壞習慣的形成常常是一點小事不在意，漸漸累積，等到發現後，要想改正就會非常辛苦。」

一包衛生紙的價格雖然不高，但是不合宜的行為態度所付出的代價已非金錢所能衡量。小泰和威廷道歉了。

處理完這個事件後，一張衛生紙因為電風扇的風力在我面前飛舞，讓我有了一個新的想法。取法學校在廁所放置衛生紙，讓學生使用方便的美意；我用班費買了十包衛生紙，放在公務櫃中，讓同學們有需要時可自行取用。實施之後，學生感冒或上廁所也不用到處借衛生紙，成效很讚。我想小泰和威廷萬萬沒有想到，因為他們的爭執，無意中造福了以後需要衛生紙的同學。

買衛生紙放在公務櫃的效益，讓我決定做另一件事。

國中階段的學生們正在發育，通常到了下午肚子都會餓，尤其天氣冷的時候，飢餓的狀態更明顯；家境不錯或有零用錢的孩子可去福利社覓食，可是沒有零用錢的同學就只能挨餓；將心比心，基於照顧每一位孩子，不讓學生在挨餓中學習，我決定在剩下的最後一個公務櫃中放置零食。

第六節上課前，我會將前一天購買的零食放到櫃中，讓需要的同學自行取用。但避免同學們只吃零食，忽略了放學回家的晚餐，所以規定孩子只能取其中一個，並要求拿零食的人要為同學或班上做一件事，而且要把它記在聯絡本上。

我看著孩子們吃零食的滿足表情，和記錄在聯絡本上的善行：陪同學大笑、撿垃圾、教同學功課、讓老師快樂、幫同學拿零食、把同學拿的零食分一半給同學吃等等。小小的零食櫃，不僅安慰了孩子的肚子，融洽的氣氛和樂於助人的主動之心，無形中也深植在這些孩子們的心底。

## 鍾老師教室

記錄每一個學生今天的一個優點，與明天要調正的一個缺點，是我每天晚上的功課。

持續一陣子之後，我發現愈來愈能掌握每個學生的行為模式。在潛移默化中來修正他們，這些成長的改變，有時連孩子自己都很難發覺，只有我很清楚他們每個人的變化，這就是行為調整模式。

任何孩子的輔導，必須靠每天不間斷的有規律作為；就好像在球場上，學生不斷重複練習相同的動作，一段時間之後，進步的成果自然會逐漸展現。

這一天，我要學生全部站在教室後面，我突然發現大家都立正站好，眼睛也都向前看，沒有人低頭、或站三七步、或抖動，每一個人的站姿都很標準。

我讓學生一個、一個輪流到前面，看看他們發現了什麼？

第一個學生說，桌椅不整齊、第二個學生說，書包沒有放定位……之後的人講得都差不多。顯見現在的孩子比較沒有自己的主見，第一個同學舉出了方向，後面同學就會跟進，這類孩子是可以制約的。

我告訴他們，「你們看到的是缺點，我看到的是你們的成長，各位同學低頭看看自己的腳，都是站正的，眼睛都向前看，沒有人靠牆、彎腰或站三七步，這是一件非常棒的事。」

有一個孩子問，「我們一直都這樣不是嗎？」

學生養成了好習慣，自然生成的儀態如果沒有人告訴他們，來個正增強，那麼學生自己是如何成長的，也就不得而知。

## 理解孩子，爸爸媽媽可以這樣做

現代父母常有不知如何與孩子溝通的困擾，當孩子逐漸長大，為人父母在相處的方式上，只要稍稍改變與孩子溝通的情境與態度，要進入孩子的內心世界並非難事。

1. 每一個家都應該找到和孩子溝通最有效的地點。這個地點盡可能避開其他兄弟姊妹的視線範圍，最好在室外，如果在室內，應該選擇輕鬆明亮的空間，讓孩子感到輕鬆沒有壓力。

2. 了解孩子的行為動機比注意他的表面行為更重要。處理突發事件，如果沒有急迫性或安全顧慮下，就明天再説；給予雙方適宜的彈性，思考事件發生的前因後果，再採行策略改善，想好再做，效果可以事半功倍。

3. 用心去傾聽孩子的聲音，用同理心去體會孩子的想法，用家庭氣氛去協助孩子的生活與學習表現。

4. 細心找孩子的優點，運用時機，不吝於表揚。耐心觀察弱點，擬定小計畫，在快樂的小挑戰中檢討改進。只要永不放棄的堅持與關心，就能協助孩子找到屬於他的青春色彩。

5. 知己知彼，百戰百勝。父母可以請孩子當一天的家長；家長也可以試著當一天的孩子。

# 當學生和老師發生衝突時

上午第二節下課，女老師氣沖沖的走進辦公室，臉頰的淚痕掩蓋不了落寞神情，我想應該是為了學生的事。人在慌亂中，扮演主要促發情緒角色的大腦杏仁核會變紅，不安的情緒很難被控制，此時並不需要急著找出口，而是需要適合冷靜的場所。

當我和她眼神交會，找到了說話的機會，我關心地問，「還好吧？」

「還好。」女老師無奈地比著OK的手勢。

「我想妳需要靜一靜，加油。」我離開了辦公室。

上完課，回到辦公室，我看到一位九年級的女生站在女老師前面一公尺處，臉朝向黑板，不正面看老師，臉上還帶著一副極度不爽的神情，一看就知道是被逼來道歉的。女學生臉上不屑的表情與情緒，心不甘情不願的態度，連旁人都感覺不舒服，更何況是準備接受道歉的老師。看到學生如此不成熟的作為，為了避免讓女老師二度傷害，我拉著女同學體育外套的衣角，引導她離開了辦公室。

我領著學生緩步走到廁所外面，我要她站在鏡子前面，看看自己現在的模樣。

「妳喜歡現在的自己嗎？」

女學生不高興地回答：「我的長相就是這樣。」

我告訴她：「重點不是長相，而是現在如刺蝟般的表情與神態。」

她不在意地瞄了我一眼，經驗中這是一個可以開始對談的指令。

我把她帶到女兒牆旁，兩手靠著牆上，面對中庭花園，視野令人很舒服，應該可以讓大腦的杏仁核由紅變藍，有助於情緒的穩定。

我告訴她，「首先很謝謝妳願意和老師出來走一走。老師要很雞婆的說，沒有一個人願意犯錯，一個巴掌打不響，衝突是每一個人都可能經歷的事，哪一個人學會先放下，誰就是贏家。再來，老師雖然不知道你們發生什麼事，但是從兩個人的情緒態度來說，應該都覺得自己沒錯。現在很多學生只要被糾正或責罵，都覺得錯的都是別人，自己才是對的。而老師反而有相反的思維，我習慣問自己做錯了什麼、我可以如何調整，讓自己藉由錯誤中成長。老師一直都覺得有實力的人是勇於面對挑戰的，而一個聰明的人更可以在挑戰中找到幫助自己的因子，不論糾正或責罵的過程與結果是誰對誰錯，誰勝誰敗，結論是，自己永遠是贏家。」

話沒說完，女同學就掉下眼淚。

我接著告訴他，據俄羅斯家庭心理醫生納杰日達・舒爾曼說，眼淚證實是緩解精神負擔最有效的良方。所以請她可以適度的哭出來，對自己有利無害。

有效處理孩子的問題，關鍵不在經驗，而是在如何從經驗中學習。

在現今的教育體制中，老師的教導權和以前很不一樣，例如，罰學生站，一次不可以超過一小時，一天不可以超過兩次；「你怎麼這麼笨」、「你是豬嗎」這類用語都算是體罰。最為難的是，教育主管機管並沒有明確說清楚老師可做和不可做的事，這些都讓第一現場的老師管教孩子顯得綁手綁腳。所以如果師生起衝突，很多為人師表者，會告訴自己是成年人，學生還是孩子，通常都會選擇自己先讓一步。

老師要學會第一時間就讓步並不難，只要對學生的不禮貌行為反應慢十秒，聰明的腦袋自然會體諒孩子的無心，加上幽默的對話，沒有輸贏，沒有誰高誰低。當掌控權再度回到手上時，給予機會教育，影響力自然生成，得到學生真正的尊重。這種優質的師生關係可以維繫很久，孩子在師長身上所學習的身教和言教，充滿快樂與感恩，老師的成就感自然就能水到渠成。

雖然我不知道女同學事後是否有再去向女老師道歉，但至少她後來看到我，都會給我一個甜甜的笑容。我想，這個投資報酬率還不錯。

## 老師也會被霸凌

下午四時五十分，國文老師奪教室門而出，跑回辦公室，拿起背包，滿臉淚痕的離開了學校。

我不知道發生什麼事，只聽到位於一樓的八年級教室發出很大喧鬧聲；我三步併二步前往該間教室瞧瞧，看見一位學生背著書包，拿著雨傘，怒氣未消的跟在生教組長後面，往訓導處方向前進。訓導主任則接手指揮學生下課放學。

隔天一早，我在走廊上遇到校長。

校長跟我說：「要麻煩你當陳老師的輔導老師。」然後把昨天的事情告訴我。

昨天第八節課，吳同學因情緒沒控制好，與同學起了口角，正在上課的陳老師前往制止。不料，吳生竟用雨傘攻擊老師，幸好被其他同學制止。陳老師立即向訓導處報告，這個舉動更惹惱了吳生，繼續作勢要攻擊老師。

其實現今的老師算是弱勢，唯一的權限就是適度的罰站、或依校規行政處罰。學生上課睡覺，老師叫學生起來認真上課，總會有二、三個學生感覺不耐煩，甚至和老師起衝突。

我向校長允諾我盡責做好。

我找了陳老師到操場走走，陳老師情緒還沒穩定，因為之前就曾發生過吳生與陳老師的肢體衝突中，把陳老師的手弄傷，還因此對薄公堂，所以吳生與陳老師的心結一天不解開，類似的事件預期會一再發生。

一般同事除了心疼陳老師，還一直告訴她，面對這種針對性的叛逆學生，就任由他去，不要管他就好了。可是她是一個盡職的好老師，不想就這樣放棄孩子。陳老師為了讓學生養成準時的習慣，她每天一早到學校，準時到的學生就蓋「笑臉章」，遲到的就蓋「再加油章」；並請學生每日一勤，服務其他同學來消除加油章，藉此訓練學生知錯能改的心態。早自習，陳老師總是坐在位子上認真的看聯絡本，老師對學生的回饋，有時比學生寫的字數還要多。中午她會拿掃把陪學生打掃、一起吃午飯，對於學生每日的生活都認真地記錄。

這麼負責優質的好老師，因為和吳生無法找到溝通的橋樑，她又堅持原則與疲累的交互影響之下，彼此的誤會逐漸加深，只要一點點的小火花，就會演變成劍拔弩張的緊張狀態，引發很多的事件。比如，吳生不想繳交聯絡本，推託不見了；陳老師幫他買了三本；吳生不但不領情，還反嗆：「真笨，我就是不想寫，妳買幾本也沒用。」

很多同仁心疼陳老師，經常說服她不要太堅持，但陳老師覺得自己已經讓步許多，吳生仍然不領情。對於吳生的過度寬容，還被吳生反嗆：「妳是誰呀？管我做什麼？」

其實吳生對於其他老師並不會如此。或許是老師們都知道吳生有情緒控管的問題，有時還需要藥物控制，所以不太容易被他激怒。吳生認為陳老師愛說教，看她氣急敗壞的樣子覺得很好玩，所以老愛針對她找麻煩。想要化解僵局需要各退一步，無奈的是老師一直退讓，學生就一直進逼，狀況完全沒有好轉的跡象。

為了孩子，最後陳老師選擇離開學校，讓這場紛爭落幕。學校輔導室也請心理師與家長相互配合，陪伴吳生調整自己的情緒。

後來有幾次我在走廊碰到氣沖沖的吳生往操場走去，我會出面緩頰，告訴導師：「別緊張，吳生現在已經找到控制自己情緒的方法，他只是去操場走走，冷卻一下，待會就回來了。」

## 鍾老師教室

學校後來延請了專家教授，針對這起事件來作演講。專家覺得老師應該自我檢討，如果老師們努力讓內容更多元、更有趣，就不會有學生上課睡覺了。但我卻不完全認同這樣的說法，因為學生上課睡覺的原因很多，除了上課枯燥乏味外，還有未具備知識、睡眠時間不足、缺乏學習動力……等，其實不是老師活化教學就可以了。

在這個事件中，陳老師無庸置疑是一個負責盡職的好老師，只是與學生相處模式緊繃，在缺乏良好的溝通下，彼此不滿的情緒逐漸堆積，終致一發不可收拾。

以下分享一個我自己處理學生上課睡覺的經驗。

星期五的第一節是數學課，上課不到十分鐘，我就發現台下有一位學生猛點頭在打瞌睡。

我問學生：「你還好嗎？」

學生回答：「老師，可以讓我睡五分鐘嗎？」

我說：「可以，五分鐘後，需要我叫你嗎？」

學生說：「老師，我可以自己起來。」

學生說完就趴在桌上睡著了，直到下課鐘響才醒來，他急忙向我說對不起。

我說：「沒有關係，你要注意自己的身體健康。中午來找老師，我再講解一次上課的內容。」

學生說：「老師，我可以自己問同學，今天的課程進度，我OK的。」

下午第二節下課，學生來找我驗收今天的上課進度。我給他一張隨堂考卷，孩子考一百分，減輕了我讓他睡四十分鐘的罪惡感。孩子的自動自發也讓我感到貼心。

雖然這種方式對並不適用於所有學生，學校與家長也未必認同，但以單一個案來說，當下的處理方式和所獲得的結果，我是可以接受的。

孩子行為的改變通常基於兩種原因，一是內在的，包括身、心、靈，進入到不同的成長階段。二是外在的，包括人際關係、環境的變動或受某些特殊事件的影響。

一天二十四小時，雖然孩子在學校超過三分之一的時間，可是國中只有三年，學生的未來卻是一輩子，在這個階段，老師們盡職的想把孩子教好，但也需家長的配合才能達成目標。

現今教學現場推行「愛的教育」，少數學生愈來愈叛逆，講也講不聽，打又不能打，老師只能要求學生罰站。如果被罰站的學生不站，家長也不配合校方的政策，在無計可施的狀況下，消極的老師只能上報訓導處，將學生轉介到輔導室後就放牛吃草，最後受傷的還是孩子。

當孩子的行為發生偏差，很多家長在處理問題時，想向孩子證明自己是有權威，而使用如嘲諷、排斥、貶抑、羞辱、威脅等字眼，實證研究發現，這些方式會使彼此的衝突升高。而如果家長的權威，是表現在知識和成熟的人格上，對孩子的教養則是非常有效果。

## 理解孩子，爸爸媽媽可以這樣做

要進入孩子的內心世界，避免與孩子發生衝突，爸爸媽媽只要用心這樣做：

1. 人在氣憤時，理直氣壯的姿態自然升高，認為孩子犯的錯不可原諒，經常做出無法彌補的傷害；所以建議家長在氣憤時，絕對不要亂說話，隨便做出決定。

2. 與孩子溝通時，記住事緩則圓的道理。如果操之過急，反而會讓事情陷入困境，進退不得。心平氣和，放慢處理事情的步調，顧慮會更周全。

3. 每個孩子都希望自己是被重視的，為人父母者，每天如果都能花五到十分鐘的時間，不插嘴，專注聆聽孩子說說話，有助於拉近親子之間的距離。

4. 學校和家庭一樣，都希望提供一個安全的空間，讓孩子能在其中自由自在的跑、快樂的學習。父母親不要剝奪孩子磨練的機會，在安全的條件下，讓孩子有犯錯的選擇。

5. 每個人都喜歡看到笑臉，面對孩子，要隨時保持快樂的心情，珍惜和孩子共處的時光。切記，家中有人不開心時，父母親可以是先擁有笑容的人。

# 三、成長篇

## 陪伴沒有距離

自己年少的成長經驗，我很清楚明瞭，生活學習是需要引導的，一開始陪伴孩子走對的路，讓孩子擁有自信，讀書變成習慣，再叛逆的孩子也會想好好學習。

彼得・伊文斯與喬夫・迪漢曾經提及，教育的問題在於我們太重視「教」，而不夠重視「學」。教學，會教也要懂得如何學。師生之間的陪伴與成長不只是單行道，而是雙向道，有來有往。

孩子的成長只有一次，家長的陪伴是協助孩子邁向成功之路最重要的基石。

# 我的孩子不太乖

每天中午，學校中庭總是擠滿送便當的家長。我發現會主動和家長說謝謝的學生並不多，甚至連一個微笑或感恩的眼神也不常見。

我找了一個熟悉的學生問：「為什麼你沒有和媽媽說謝謝呢？」他回答：「這樣子很尷尬呢。」

我又找了幾個孩子問，所得到的答案多半是：不習慣、很丟臉、下次會注意。

家人的愛與關懷通常會被孩子認為理所當然，如果在公開場合導正孩子的行為舉止，孩子會感覺沒面子，反射出來的行為是，嫌父母嘮叨，甚至頂撞。在「只是小事」與「害怕受傷害」的心態下，孩子的錯誤認知與壞習慣就會逐漸生成，等大人發現管不動孩子時，導正他們的行為就要花費倍增的時間與心力。

在與家長交談中，我常聽到家長抱怨：「每天都有給孩子一巴掌的衝動。辛苦上班，疲累得回到家，孩子不是在看電視，就是在玩電動，從不會主動念書。發怒強迫孩子回房讀書時，他也只是消極的坐在書桌前，東摸摸、西混混，要不就發呆，讓人看了就有氣，講也講不聽，現在的孩子真是不受教。」

因為這件事，我想了解孩子最在乎的人、事、物，於是做了一個小小的行動研究。我請學生在聯絡簿的生活札記欄寫一篇短文，題目是「影響我最深的人、事或物，為什麼？」

所得到的結果令我感到憂心，因為有三成孩子寫的是電腦，近四成孩子寫的是同學和朋友，只有二個孩子寫的是家人。

少子化的世代，國中階段的孩子普遍缺乏知福、惜福與感恩之心。家中一位國中生，全家不快樂，這是目前很多為人父母的心聲。

國中生之所以會產生那麼多問題，個人覺得主要原因在於課程設計，幾乎不考處國中生程度已有顯著的落差。以英文來說，私立幼稚園和小學大多標榜雙語教學或全美語環境；公立學校則倡導多元快樂學習，沒有特別要求學生的英文程度必須要達到何種標準。

於是一樣是七年級，有些孩子的程度已經能通過英文初級檢定，有些卻對字母與發音仍然陌生。

同樣的學制，不同的教學內容，以現今考試成績掛帥的教育制度下，升上國中後，開始面對學業壓力，程度落差的問題自然被突顯。

常態分班是一個好的政策，但在配套不足的狀況下，有超過五成的孩子上課只能發呆，這個情境所造成的結果非常嚴重。

近五成的前段者，錯認國中課程很簡單，大多是小學就學過的，這些聰明孩子只要花很少時間就可以學好大部分課程，剩下來的時間，若沒有好好規劃，腦袋想東想西，等到八年級的課業開始加深之後，才驚覺自己的程度已經不如先前。

再者，因為班上學生的程度落差過大，也影響了老師的教學。

教科書的內容雖然簡單，但後段約三成孩子的心思根本不在課本。每天平均發呆三、四節課，對正值青春期的學生無疑是一種折磨，所以學生會想盡辦法在課堂上找樂子，老師稍不注意，學生自然就跨過應有的界限，造成老師上課的困擾。

而那些程度較好的孩子，反正老師上的課很簡單，而且補習班早已先行上過，所以也會跟著同儕一起玩樂。

## 懂了！不一定會

專注力不足、過動是在學生身上常見的問題，但這些孩子並非不能教，只要找到合適的方法，學生的學習成就是值得期待的。

在教學歷練中，國中生的第一課應該是學習如何學習。就好像用拖把拖地一樣，先把拖把洗乾淨，一階一階認真拖擦乾淨，即使一次只完成五個階梯，動作慢，但卻可以紮實的把地拖乾淨。這一種循序漸進精實的學習，會比洗一次拖把拖一層樓，只拖乾淨了五階，接下來每況愈下，而且髒的地方會愈積愈多，學到的知識也只是一知半解。

我曾經教過一個班，有八個程度比較不足的孩子，如果和其他同學一起上課，無疑是鴨子聽雷，有聽沒有懂。而且時間一久，孩子的落差會愈來愈大，想彌補也來不及了。

為了這八個孩子，我利用中午的時間執行補救教學計畫。首先我將數學課本每個單元的基礎概念與作法設計成一張考卷，我上一次課，學生就練習一次。我在檢視考卷的時候，可以針對不太懂的同學，一個一個教。之後，再重新評量一次，直到孩子們完全理解，才再進行下一個單元。

剛開始執行這個方法時，學生會花費比較多的時間填寫考卷；熟悉之後，學習的速度就會變快，解題逐漸駕輕就熟。好成績是學生持續用功的動力，也會因此建立自信。孩子有信心之後，也就不再害怕數學了。

這些孩子很給我這個數學老師面子，第一次段考，考題與學校其他班一樣，八個同學的分數都超過六十分，且平均七十一分。好的開始帶給了我持續執行補救方案的動力。

其實學習任何東西都一樣，簡單的事用對的方法持續做，就不簡單。專家之所以擁有專業，就是每天持續做同一件事，除了要求自己這次要比上一次更好之外，還要養成記錄的習慣。因為唯有記錄，才能快速找到出不足的原因，對症下藥，快速成長。

自任教職以來，我養成隨身帶筆記本的習慣，不管是突然想到要做的事情，還是對教學的新構想，或者新創意，除了用相機拍照外，我都會畫下一些概念圖，記下當時的想法。回家後，再把筆記裡的圖像、文字、相片彙整在一起，並以日期存成檔名，成為自己的資產。

### 鍾老師教室

十三、四歲是孩子人格與習慣塑形的關鍵期，常見的學生問題包含：站三七步、單手拿東西給長輩、說話沒禮貌、行為舉止以自我為中心、沒有讀書的動力、缺乏專注力、沒有責任心等；這一切對孩子有壞無益的習慣，在我當導師的經驗，認為這個階段的學生是可以被制約的，而要協助孩子改掉這些壞習慣，首先的任務就執行「變臉」計畫。

老師訓導學生的錯誤時，學生的表情大都會很不耐煩。面對這種情境，**我會優先處理學生面對問題的態度，教導學生如何用正向的方式和老師溝通。**

而變臉的最好技巧，就是陪學生去照鏡子；鏡子會反映出最真實的自己，沒有人喜歡看見一張了無生氣或凶神惡煞的表情。此時不用多說什麼，學生自然會改變自己對別人的態度。就如同我習慣用相片記錄學生的生活、比賽與學習，學生自信與專注在各種場域中的完美表現，令人動容。而學生們看到自己的美麗畫面，自信上身，這些自然生成的激勵力量，可以為孩子創造屬於自己的未來。

## 理解孩子，爸爸媽媽可以這樣做

壞習慣容易養成，好習慣卻需要較長的時間才能成為日常生活的一部分。根據專家的研究統計發現，一個好的習慣，例如：早睡早起、每天運動、每天寫日記、今日事今日畢、節食減肥等，經過反覆的實行，大約可在十四天至二十一天內養成。不過也有英國研究人員發現，需要撐過六十六天才會習慣。

要改變孩子積習已久的壞習慣，不僅要用對方法，還要有點心機。孩子面對指責多會顯得很不耐煩，對於孩子不合宜的舉止、行為、表情、態度或言語，我會先認知這是孩子和父母溝通的語言，思考孩子想要傳達的訊息；明瞭全局，就能對症下藥，事半功倍。

要孩子聽父母的話，首要條件是有原則，以及孩子對父母的信任感。有原則的教導孩子，一次不行、二次不行、三次不行，原則一定要堅持不鬆動，孩子的認知就不會有問題。讓孩子清楚的明瞭，父母所做的一切都是為了他們好，如此教導孩子，只要說，不用罵或打，就可以達到效果。

# 身教重於言教

小平的父母親在他國小五年級的時候協議分居，一年後離婚；導致他從小缺乏安全感。瘦弱的臉頰、單薄的身形，穿梭在同年齡的孩子中，個子總是比同儕小一號，像是小學四、五年級的學生。

小平和父親與家族的叔伯同住在祖父母的透天厝裡，因為父親在新竹工作，早出晚歸，一個星期見不到小平幾次。而叔伯和祖父母也各忙各的，父親為了彌補小平，在他的房間裝了冷氣、電視與電腦；齊全的資訊媒體設備，造成了小平晚睡和上學遲到、上課精神不濟。

第一次認識小平的家人是在某個星期三的中午，小平的祖母中午送便當到學校。小平看到阿嬤，急忙向前衝去，以迅雷不及掩耳的速度搶走了阿嬤手中的便當袋，強大的衝力讓七旬的老人家險些摔倒。小平快跑離開了，我急忙上前詢問阿嬤，有無受傷。

阿嬤不安的說：「這孩子總是橫衝直撞，在家裡也是古靈精怪，很沒禮貌。孩子不乖，我們也管不動了，他的爸爸早出晚歸也不管，不知道該怎麼辦？」我回答阿嬤，「不會的，孩子還小，很多事都還在學習，找機會我會好好跟他談談。」

二個星期後，小平因為腹絞痛倒地，被同學背到保健室。校護做過簡單的處理後，決定請家人來接他去看醫生。

阿嬤來的時候，正好保健室坐著一個推銷保險的小姐。保險員一看到打扮入時的阿嬤，口若懸河地和阿嬤聊了起來，眼見一時半刻不會停止，而腹痛不已的小平不耐煩地抓著書包就朝校門口而去；我見狀立即告訴阿嬤，阿嬤才很不甘願的離開了保健室。

與小平相處的這些日子以來，我了解他雖然小錯不斷，但不會犯大錯。

小平父親沒有來參加過學校日，所以除了幾次短暫的電話聯絡外，只知道他在新竹工作而已。一直到九年級下學期，小平犯的過錯迫使我必須和家長面對討論解決之道，有過與小平阿嬤過招的經驗，這次我決定找小平的父親。

學校規定學生一星期的遲到次數不可以超過三次，如果違反就要記一支警告。每天都遲到的小平善用小聰明，和從不遲到的小志商量，如果自己遲到的次數過多時，他就在遲到單上簽小志的名字，藉此來逃避處罰。

但小平幾乎每天遲到，後來也忘記到底簽了幾次小志名字；等到小志的警告通知單發到班上，小平才心有愧疚向我坦白整件事件的來龍去脈。我很不開心，因為遲到超過規定的範圍，請假就可以了，實在沒有必要為此讓自己留有不誠實的記錄。

我在電話中告知小平父親整件事的原委，小平父親非常生氣，揚言除了要把他房間的電視及3C產品全部沒收外，還要請他吃棍子。

網路成癮的孩子，大多是因為家長管教態度比較消極、家庭氣氛與親子關係不和諧，以及沒有家人陪伴，以致造成孩子的自信心不足，缺乏足夠的挫折容忍度，必須藉由虛擬的網路世界來填補空虛心靈。

我請家長先不要急著沒收電視及3C產品，也請他不要動手打孩子，因為這些強烈的高壓手段，可能會造成反效果，甚至讓小平沉迷於網咖不回家，反而適得其反，造成更難處理的問題。

現在唯一之計就是親師合作，我告訴小平父親，利用這個機會來導正孩子的壞習慣，全力協助孩子走出電玩沉迷；並且讓孩子體會到，父親是真的關心他，想陪伴他。我允諾小平父親，在學校我會協助他發展閱讀、欣賞音樂、打球等興趣，並且讓他負責規劃慶生會、班上體育或才藝比賽等班級活動，希望藉此能減低網路對小平的誘惑力。

最後我很誠懇的期盼小平父親能抽出多一點時間來陪伴他。如果家長能以同理心了解孩子的內心世界，親子之間就能保持良好的互動。小平一定能感受到父親的關心與家的溫暖。

## 及時關懷

我請小平陪我到操場走走，一圈、二圈停了下來。我走到離小平一段距離之外，背向他對著空曠處大喊，藉著抒發自己不開心的情緒。

我要小平告訴我，整件事他錯在何處？對自己和同學又有何影響？接著也告訴他，我和他父親共同決定的處理方式，並保證他父親不會打他。

小平哭著告訴我，國小的時候父母就離婚了，本來是跟著媽媽與外婆住新竹，因為她們管他管得很嚴，所以他就要求國中要到台北和爸爸住。小平沒想到，他到了台北覺得更孤單，跟阿公阿媽沒有話說，爸爸在新竹上班，一個星期有二、三天不在家，在家的時間也是早出晚歸，見面的時間很少。

我告訴小平，從今天開始，老師和爸爸都會陪著他從網路成癮中走出來。

小平疑惑的問我，「老師，我相信您會陪我，可是我爸爸有可能嗎？」

我要孩子相信我。

小平父親果然信守承諾，把新竹的工作辭掉了，在台北找到一個助理的工作，雖然薪水比較少，但至少每天都能陪孩子上學和一起吃晚餐。

家長明智的抉擇直接影響了孩子。小平不再沉迷網路，也全力在最後二個月的時間努力用功，雖然會考績不算理想，但也順利考進台北市松山工農。

## 鍾老師教室

教導學生的過程中，只要找出可以溝通的語言，讓大家取得默契，孩子會聽、會思考，很多事就好解決了。

這一天，看到一個孩子很淒涼的坐在司令台上。我走到他旁邊坐下，輕聲的問：「上課時間，你怎麼一個人在這裡？」

他告訴我：「我是中輟生，今天才回來上課，老師叫我先在這裡休息。」

我沒再多說什麼，就只是陪孩子坐了一下。

隔幾天，我再看到他時，他的爸媽陪在旁邊，一付桀驁不馴的模樣，看著中庭廣場放空，但一看到了我，馬上視線轉正，立正向我問好。

孩子的父母很訝異地走過來問我是誰。我告訴他們，我是學校的老師，跟孩子只有一面之緣。父母親說才見一次面就可以影響孩子，一直問我是怎麼做到的。

我回答，「孩子跟我很投緣，他很乖也很有禮貌。」

每一個孩子都希望被重視，當無助的孩子一直發出求救信號，卻沒有被發現，他們會對大人失望，甚至是絕望，以致於不想溝通。

很多人對退縮孩子所發出求救信號的解讀是，孩子不會想、不聽話、不服管教；而那一天在司令台，我理解了孩子的想要和需要，陪他坐了幾分鐘，無形中建立了彼此的關懷與信任。

## 理解孩子，爸爸媽媽可以這樣做

曾經聽同事說過一個實際的例子：

父親帶著牙痛的孩子去看醫生。醫生說：「小孩有一點蛀牙。」父親便責怪孩子說：「叫你不要吃糖，偏要吃，蛀牙了吧。」醫生對父親說：「小孩子吃糖滿足口慾是很自然的現象，蛀牙的主要原因不在吃糖，而是吃完糖之後的牙齒清潔。」

從這個例子我得到很大的啟示，孩子犯錯是人生必經的過程，當父母的應該把重心放在孩子犯錯的原因與引導成長，而不是如何處罰。

父母對孩子的教養，不可以遇到一件事就調整一件事，這種沒有規劃的教養模式，孩子得到的只是一時警惕，效果有限。

現今的社會，家長努力的工作賺錢，把教養子女的責任加諸在學校與補習班，等孩子出了問題，再責難學校、老師、孩子，後悔就來不及了。因此為人父母者在教養子女的過程中，即使工作再忙碌，也應撥出時間陪孩子，教導孩子，關懷了解孩子的身心成長，並在管教上建立良好的態度。

# 教養孩子，要用對方法

一個孩子都是獨特的，腦子裡依然清楚記得青崧七年級剛到學校的情境：

我對他說：「青崧，把垃圾袋綁起來，然後拿到垃圾集中場。」

青崧說：「老師，我不會綁垃圾袋。」

我看著他的鞋子：「你會綁鞋帶吧，就依照綁鞋帶的方式綁垃圾袋。」

青崧說：「老師，我不會綁鞋帶。」

「沒關係，不會就要學。老師教你，從今天開始，你負責倒垃圾，老師會陪你，直到你熟練為止。」

隔了幾天，星期三的下午，青崧家長到學校來找我。

家長：「中午吃飯時間太趕，青崧可不可以不要打掃？」

我說：「學校排定的打掃時間有早上、中午、下午三次，我會讓青崧用餐到十二點半，再去打掃。」

家長：「可是我們以前讀書的時候，中午時間是不需要打掃的。」

「從孩子新生入校開始，這個打掃時間就實施到現在。」

家長：「青崧動作比較慢，要請老師多協助。」

「開學到現在，青崧幫班上做了很多的事，表現很好。況且學而後知不足，知道何處不足才能對症下藥，給予適當的補強。」

家長：「青崧有某些地方比較特殊，老師，你可不可以特別寬容他。」

我告訴家長：「老師是學生的後盾而不是依賴，愈是不足，更要加強練習。」

家長說：「青崧的成績不甚理想，請老師可以多包容。」

我很肯定的告訴家長：「青崧沒有問題，而且很棒，我有辦法讓他和一般小孩一樣快樂成長，而且學習也不會落後其他同學。」

家長很不相信的看著我。

我告訴家長：「你讓我試試，我有信心。」

時間過了二年，青崧不僅把自己份內的工作做得很好，更會主動幫助他人，課業上也能跟上水準；更難能可貴的是，他為了要補強自己先天的缺陷，會利用課餘的時間打羽球、籃球。好幾次，我和他比賽籃球，我都輸了，因為他的外線實在太準了。九年級下學期，青崧不僅擔任班長的職務，也是學校羽球校隊的一員，更成為北市商國際貿易科的新生。

青崧能明瞭自己的缺陷，承認、接受並補強，這種勇氣令人佩服，每每看到他為了要完成自己最不拿手的數學功課，到處找人請問，那種不怕挫折，勇於嘗試的風骨與毅力，是我該學習的功課。謝謝青崧，因為有你，我也時時砥礪自己要更加用心努力與感恩。

## 愛心福田豬

阿儒的家境並不富裕，但不願意接受別人的幫助。學校有個可以得到獎學金的機會，但必須要去公益單位服務十小時。這並不是不勞而獲的事，在我和阿儒媽媽的聯合努力之下，終於說服了阿儒申請這個獎學金。

阿儒依約到正德服務學習。據阿儒說，一到正德就有一股力量吸引著他，對於在裡面服務的志工起了敬佩之心。一天四小時的服務學習，不僅不累，而且收穫滿滿。

某天上課時，講桌上突然出現了一隻塑膠的小豬存錢筒，裡面只有一個十元與兩個一元硬幣。當下我並沒有詢問學生，是怎麼一回事。最後在阿儒的聯絡簿得到了答案。

九月三十日星期一，阿儒的聯絡簿上寫著：「星期天在正德服務，真的讓我感到非常充實，我學會了很多平常生活中很少應用的事。在做每件事前，默念南無阿彌陀佛，讓心慢慢平靜下來，且認真做完每件事情。師姐笑著說，整理完週遭的環境，就像整理自己心情一樣，會讓自己變得更好。做完這些事情，一點都不苦，反而覺得很踏實和快樂。我很感謝師姐願意告訴我這麼多道理，儘管只有半天之緣。要走之前，師姐拿了一隻豬撲滿給我，希望同學們能捐獻小小的愛心，幫助正德蓋癌症醫院和更多的人，希望我能完成這項任務。」

十月一日星期二：「愛心小豬持續增加中，第一天就有這麼多人願意捐錢，真讓我感動，也許僅僅只是一塊錢，可是那也是一份小小的愛心。我真的很想幫助癌症病人，他們勇敢的對抗病魔，而健康的我們捐出愛心為他們加油。」

十月九日星期三：「小豬倒數二天離開902，感謝老師、同學熱心贊助，有這樣的成績我就超感動了。我做到了。」

十月十日星期四：「最後一次公共服務，當然是最特別的投善書。頂著炎熱的大太陽，和小燕拉著載了三百多本善書的菜籃，走遍大大小小巷子。三百多本的善書，我跟小燕超有效率，四十分鐘搞定。趁著空閒，我們跑去書局摸魚，師姐還以為我們失蹤了呢？每一次的公共服務都是我難忘的回憶，今天有小燕的陪伴，讓我在正德畫下了美好的句點。如果有機會我會想再去，因為我體會很多也學習了很多。」

最後，阿儒在社群網上寫著，「小豬要回家了，帶著大家的愛心回家了。祝福902班的同學都能平安好運。還有人想繼續捐嗎？新版的豬豬我心動了。」

## 鍾老師教室

了解自己，認識自己，才能善用環境，從經驗中學習更有價值的經驗。

導師規定品宜每節下課時間要到辦公室喝水，品宜很生氣，覺得導師很囉唆，喝不喝水是她的自由，為什麼要犧牲下課時間，到辦公室喝自己不愛喝的白開水。

導師對我說：「品宜因為血尿到醫院就診，醫生診斷是因為水喝太少的原因，所以他要求孩子每節下課都要到辦公室喝水。」

剛好品宜是我課任班的數學小老師，藉由協助拿作業走回教室的時間，我告訴她，「沒有一個人會笨到做吃力不討好，而且還會讓學生不爽的事情。老師會做如此笨的事，只有一個原因，就是為了學生好。」

我的話，品宜聽進去了。現在品宜覺得每節下課到導師辦公室喝水和老師聊天，是快樂且幸福的事。有時我剛好在位置上，我們倆還會乾一杯。

### 理解孩子，爸爸媽媽可以這樣做

孩子是獨立的個體，要適度的尊重。

和孩子有效溝通的前提就是，避免不宜的語言；例如：

「你真是懶，還不趕快去讀書。」

「看吧！你又沒考好了，還有什麼理由？」

「這麼不用功，你以後還有前途嗎？」

「怎麼這麼笨！這麼簡單的題目連小學生都答得出來。」

以上的説話方式，只會引發孩子的反彈，無法了解孩子真正的想法，也無法和孩子做有效的溝通。

建議爸爸媽媽，別急著下斷語，先傾聽孩子的説話。

例如：「你今天比較不專心，有什麼事嗎？」

「你最近的成績比較不理想，是不是有什麼事讓你分心呢？」

在開口責備之前，最重要的是，讓孩子有解釋的機會。

# 寬容，是成長的開始

從教室外的走廊走過去，看見七、八位同學圍著一個坐著的同學；一見我走進教室後，同學急忙散開。原來坐著的學生正在打電動，其他的同學在圍觀。當下我請同學恢復剛剛的情境，然後叫同學們輪流到教室外，觀看教室內的情況。

打電動與圍觀的同學都沒有察覺，因為孩子聚集在一起，一定會吸引經過的人的目光，自然被抓的機率特別高；就好像鴕鳥把頭埋在沙裡，就以為獵人看不見牠一樣。每一位同學看完之後，都覺得自己很笨，也都笑了。我也很高興做了一次還不錯的機會教育。

每一個老師處理學生問題，都有自己的方法，以正向的態度去面對所有問題，對老師與孩子都是比較好的選擇。

歷史老師正在講解中國史，看到廷瑞以手撐著頭，無神地看著前方。

歷史老師說：「廷瑞，老師對你今天的上課表現很感冒。」

廷瑞隨即舉手站起來，很認真地說：「老師，我今天沒有感冒。」

當歷史老師把這件事告訴我時，臉上帶著微笑，「你們班的廷瑞好可愛，他的幽默讓大家都笑得很開心呢。」

歷史老師是一個寬容的智者，寬容是一種善待自己的方式。我常覺得一顆仁慈寬容的心，能讓人顯得更加自信與強大。

國文老師更有趣了，當他正在講解陶淵明的詩《醉酒》：「採菊東籬下，悠然見南山。」一時感嘆：「美麗的菊花被有些人形容成人體器官，這是非常不可取的事啊。」當國文老師回頭寫注釋時，台下學生卻突然轟然大笑。

老師回過頭，疑惑地問偉庭：「同學為何大笑？」

偉庭回答：「同學們正在看菊花。」

國文老師只得無奈地說：「看黑板上的注釋，會比看老菊花要來得有意義喔。」

後來國文老師告訴我，他一時興起的引喻讓自己好糗，所幸同學們天真的笑容，加上老師有創意的回答，化解了彼此的尷尬。而國文老師的好修養，也在言行舉止中毫無保留地顯示出來。

我常覺得自己何其幸運，能夠與這些優質同事一起成長，期盼有一天，我也能成為一位擁有寬容修養的智者。

## 向老師說對不起

學校為了慶祝教師節，邀請孔廟負責928祭孔大典的樂長孫老師，帶著祭孔大典的同學舉辦了一場尊崇古禮的敬師活動。

典禮結束之後，孫老師開始做專題演講。對老師們而言，是教職知識的再累積；但台下部分學生卻認為演講內容有些無趣。

專題演講結束之後，學務主任還有事要宣布，便請老師們先離席，學生們留下。

楊老師起身要離開的時候，從某班傳出一個聲音：「真不公平，為什麼老師有特權。」

隨後班上傳出了笑聲。

楊老師聽到了後，把說話的同學叫了出來；緊張的氣氛，讓現場也安靜下來，這時有一位學生仍然斜著眼在笑。楊老師便把這二位同學送到學務處，學務主任瞭解全況後，除訓戒外，要學生向老師道歉。

學務主任說：「這兩個學生平日表現如何，如果平日就不受管教，這次就會記過。」

話一講完，其中一位男同學就掉下眼淚。

主任繼續說：「如果這兩個學生平日表現還不錯，就給他們一次機會，改服愛校服務。」

我認識這二位學生，他們的表現都很不錯，我想楊老師應該不會選擇記過這個處罰；果然不出我所料，以勞動服務懲罰做為這個事件的結束。

事後我問楊老師：「那位男同學長得又高又壯，為何如此脆弱？」

楊老師說：「男同學的成績還不錯，是國文資優班的學生，父母對他期許很高，而且管教很嚴格，如果讓家長知道這件事，還被學校記過處分，一定會被修理得很慘。」

一個頗有意義的敬師活動，出現了這個小插曲，我在想，學生是真的打從心裡向楊老師道歉嗎？還是學校的要求，孩子一定要做，我無法得知。

**鍾老師教室**

學生在學校時發燒了，一時聯絡不上他的家人。於是我利用中午休息時間帶他去看醫師。開車送他回家時，我叮嚀他要好好休息。

學生突然問，「老師，我生病可以請假幾天？」

我說：「病好了就回來上課，為什麼要多請假？」

學生說：「不是啦，我是想問，學校有沒有規定請病假的時數，而不是想多請假。」

原來是誤會、老師和學生們除了年齡的差距，成長背景與狀況都很不相同，對話語言常會因為解讀不同而造成誤會為人師者，應該盡力了解學生的語言，明瞭學生所真正想表達的意思，才能進而影響改變他們。

而明瞭學生語言的最好方法就是多聽、多問、多想。

## 理解孩子，爸爸媽媽可以這樣做

孩子頂嘴時，父母親可以這樣做：

1. 把孩子當成同輩的朋友。當孩子的言語和態度不合爸媽期待時，通常會被認為是對父母權威的一種挑戰，通常父母會以「頂嘴」來指責孩子。孩子如果為了避免紛爭，選擇逃避和父母說話，如此一來，小孩不說出心裡的想法，親子之間的隔閡就越來越大。

   試著把孩子當成同輩看待，並把頂嘴認知為彼此意見不合、觀念差異、想法不同，用心聽孩子怎麼說。

2. 頂嘴是孩子表達意見的一種情緒。如果把頂嘴當成是孩子求知與好奇心的展現，就可以藉此了解孩子的真正想法或感受，及時給予協助。如果孩子面對父母的指責沉默以對，或把情緒與心中的不滿壓抑著，久而久之，沒有宣洩的管道，就可能衍生孩子離家出走，甚至走向極端自殺之路的可能。所以當孩子發生頂嘴行為時，父母親應該正向以對，經由適時引導，一定會有意想不到的好結果。

3. 當孩子頂嘴時，自己是不是常常用這些語言來回應孩子：「我才講你一句，你就回我三句，你很會講，換你講。」、「還沒長大，翅膀就硬了！小小年級就學會頂嘴。」、「我每天早出晚歸賺錢，辛苦供你吃、供你穿，你還頂嘴？」這些詞語不僅對孩子少了尊重，也阻斷了親子繼續溝通的可能，所以建議父母，以上言語永不錄用。

4. 孩子頂嘴時，把它當作是孩子在告訴父母，自己被冤枉的抗議行為；把它當作是孩子是在表達自我，獨立思考的能力表現；把它當作是孩子在表達生氣、委屈等感受，尋求父母親的表達關愛。如果父母親可以轉換另一種想法，去表達愛孩子與接納孩子，孩子會了解父母的用心，家庭也就建立平心靜氣的溝通模式。

5. 讓孩子暢所欲言，孩子頂嘴時，不全然是針對父母，有時是因為在學校受委屈，把累積一整天的情緒發洩出來。父母親應該認知，一個單純的頂嘴行為，有時候隱藏著孩子背後一肚子的委屈和困擾。而面對青春期的孩子，不應該只有「我說你做，我講你聽」的單行道權威模式；應該理解和包容當下的孩子，讓孩子暢所欲言，鼓勵孩子把他的意見或感受說出來。如果孩子的語氣與態度不好，可以提醒孩子慢慢說。良性溝通不僅可以預防親子之間的誤會，還可以增進彼此情誼。

# 因為你值得

小文的父親是個臨時派遣工人，工作時間長，收入不穩定。母親是家管，負責一家子樽節開支的總管，常常為了省十、二十元錙銖必較。小文的家境雖然清寒，但在全家的相互體貼與扶持下，日子也過得平順幸福。在這種環境下長大的小文比一般小孩成熟懂事許多，然而隨著校外教學的繳費期限逼近，小文心情愈來愈沉重，整日抑鬱寡歡。

這天特別請小文幫忙拿聯絡簿，趁著機會，我關心地問小文：「怎麼了，這幾天你都是陰天，老師很怕哪天會下大雨。」

小文苦笑：「我很想去校外教學，只要我提出要求，爸媽一定會想盡辦法讓我去，可是我不想造成他們的負擔，所以情緒很不好。老師，對不起，讓你擔心了。」

我輕拍孩子的肩，「沒事、沒事，你真是一個懂事的好孩子。」

每天面對不同學生、不同的問題、不同的家庭狀況、不同的情境，數十個變數相互交疊的作用下，衍生的問題不可勝數，根本就不會有正確解答。

校外教學的費用並不多，直接幫小文把費用繳清是件容易的事，可是這個簡單的決定，我深怕間接傷害了孩子的自尊，甚至造成小文家庭的困擾。

傍晚時分我走到河堤散步，微風輕輕的吹，當我聚精會神地在尋求解決的方法時，打斷我思緒的是一顆從我面前滾過的籃球。我把籃球撿起來，還給前來找球的孩子。

籃球場有一位父親正在教女兒投籃，旁邊的兒子很認分地幫忙撿球，爸爸對兒子說，「你這個小老師當得很好喔，等一下爸爸會給你獎勵。」聽到父親的稱讚，原本不太開心的兒子，笑容立刻展開，更加賣力地撿球。

回到家，我立刻聯絡小文的父親，向他說明小文這幾天在學校的狀況和原因，並且稱讚小文成熟和懂事。我接著告訴小文的父親，我想讓小文有一個學習自力更生的體驗。

我解釋說：「學校所舉辦的校外教學，為了學生的安全和課程設計的流暢度，負責承接的旅行社都會請有經驗的大哥哥或大姊姊，引導學生的生活體驗與教學活動。如果您同意，我想請小文擔任班上活動的負責人和協助團輔的小老師。這樣對小文不僅是一個很好的學習機會，也可以一併解決費用問題。」

小文的父親同意了。小文也很開心的答應接受這個挑戰。

小文在校外教學的表現非常好，令所有老師和同學都十分讚揚。

一天中午，小文來找我，「老師，我知道校外教學的費用是你幫我出的，您為什麼要對我這麼好？」

我拉著他的手，很堅定的告訴他說，「因為你值得。」

小文笑得更開心了。他承諾長大賺錢後，第一件事就是把錢還給老師。

我滿足的回答：「好啊，老師會好好照顧自己的健康，一定要活到你還我錢。」

## 鍾老師教室

學生到學校是為了學習，每天花在學校的時間超過九個小時，在這不算短的學校生活中，學生的學習效果就成了大家的關注焦點，而學生的學習成效與老師的班級經營有很大關係。

班級經營的重心是導師，導師帶領一個班級就像建立一個家一樣，舉凡食衣住行育樂，樣樣都要教，還要建立學生良好生活習慣。所以，家長遇到自己的孩子有任何問題，需要幫忙或協助時，第一個想到的是導師，導師的重要性不言可喻。

一位導師除了對每位同學做觀察與紀錄、關心與照顧外，天天批閱學生聯絡本、約談溝通，和家長聯繫更是每天的例行公式。

學生一有問題，立即協助解決，如繳不起學費、餐費，請教務處申請補助款幫助；有家暴傾向，向輔導室回報轉向社工機構求助；家庭教育能力不足，申請學校輔導制度補救。

學生遇有任何問題，無微不至的導師都會協助排除，也因為導師的勞心盡職、無怨付出，保障了弱勢家庭學生的學習能源，也維護了學生的學習尊嚴。

教育工作無他，「有心」而已。雖然老師的盡職是本份，但如果能得到家長的支持與鼓勵，那會是一個很棒的強心針。

## 理解孩子，爸爸媽媽可以這樣做

教養孩子的內涵，不是為了滿足父母的虛榮心，與反映家長心中的不安全感，而是為了幫助孩子真實的面對生命，成為一個知足、腳踏實地、有自信的完整個體，這也是孩子的需要。

國外有很多的研究報告顯示，只要在螢光幕前坐上半個小時，新陳代謝與活動力都會下降，甚至看電視會使人變得被動與焦慮。所以建議爸爸媽媽：

1. 從今天起，關掉家中電視、網路，陪伴孩子一起閱讀。
2. 教導孩子抒壓的方法：每天睡眠至少八小時，中午有機會小睡要珍惜，每天至少有三十分鐘的休閒活動，如打球、慢跑、散步等。
3. 父母親如果習慣性將孩子與他人競爭，容易造就出身心都不健康的孩

子，建議家長不要太在意分數與名次，去享受孩子學習過程的全力以赴。

4. 建立合理的目標期待，衡量孩子的實力，勿高估或低估。當孩子學習求知是為了能力的建構，而不是考科時，有效的學習之路就會長長遠遠。幫孩子找能相互鞭策、激勵的同學一起讀書，彼此提攜、鼓勵，藉由分享彼此求學的困擾與讀書方法，腦力激盪，一定可以找出有效的學習方法。

5. 善用自我暗示的力量鼓勵孩子，「你一定可以過關」、「你的困擾和大家一樣」。

# 過程完美就是贏家

學校舉辦班級籃球比賽，我班上的女子籃球隊實力不錯，原本很被看好，第一場比賽時，因缺乏臨場經驗，大家緊張得手腳都活動不開，在壓力和體力嚴重流失的狀態下，輸了第一場比賽。

為了讓學生在籃球比賽中擁有自信，我利用數學課的時間教孩子戰術，學生學得很認真，但因為練習的時間有限，加上別班有身高的優勢，第二次比賽逆轉打和。學生們愈打愈好，從五個人的上場隊呼，到全班手疊著手的加油聲不斷，團結和諧的氛圍。

第三場比賽，孩子們終於發揮了原有的實力，雖然面對的是冠軍呼聲最高的對手，但她們仍然全力以赴比賽，上半場小輸四分。原以為孩子為了贏球，五位主力先發會繼續下場奮戰；沒想到，隊長跑來告訴我，他們決定讓全班女生都上場，輪流體驗一下比賽的樂趣。

我告訴學生，「這樣子我們可能會輸。」

孩子們說，「輸贏不重要，重要的是我們已經盡力了，這是班上的籃球賽，應該讓每一個同學都有參與的機會。」

我聽了很感動，因為學生學會了分享，這是屬於他們自己帶得走的能力，能把勝敗放一旁，享受比賽的快樂，這是很多大人也都做不到的事。

二軍下場了。一剛始，一位身高不到一百五十公分的學生投籃被犯規要罰二球，身材瘦小的她奮力將球丟出，實在是力氣不足，所以連籃框都沒碰到。很多人覺得這樣的情形很難看，孩子會覺得很丟臉。我告訴現場的同學，我們班的孩子不會覺得丟臉，反而會把這場比賽當成最美的回憶。

我看著這些孩子快樂的流汗打球，很開心他們懂得分享的真正意義，未來的人生路一定會比其他人更順暢。

## 打球的目的是快樂，不是贏

男同學的第一場比賽因為打法比較斯文，上半場互有領先，到了下半場因體力不支，所以敗下陣來。

第二場面對實力超強且最具冠軍相的班級，因為實力落差太大，根本不是他們的對手。

賽前我告訴學生，「打球的目的是快樂，不要管輸贏，全力以赴就對了。」球場上的孩子們，臉上滿是打球的喜悅，不僅把對手的主將全部逼上球場，也讓在場的師生欣賞了一場好比賽。原本估計至少輸三十分以上，最後小輸八分，雖然輸了比賽，但卻贏得了最多的掌聲和肯定。

隔天還有最後一場比賽，放學前，我問他們，明天會有多少人上場，我要準備礦泉水，學生笑著告訴我，全班都會上場。

原來分享是會傳染的，真好。

## 嘗試就能前進

七年級的時候，學生教室在四樓，班上推動慢跑、跳繩和呼拉圈的休閒運動，學生下課時都會相約自主運動。八年級的時候，學生教室在一樓，離羽球場和桌球室很近，班級興起了一股下課打球的運動休閒風。孩子們總能在上課鐘響前回到教室，自制力的訓練有了成效。

九年級的時候，教室在二樓，孩子們仍習慣下課到球場動一動，可是回到教室的時間常常無法掌握；因此，我開始禁止學生下課到球場打球。

二天後，學生們主動找我，希望我能准許他們下課到球場運動。

我告訴孩子，「你們必須告訴我，下課打球對你們有何幫助。」

隔天，孩子拿了一張紙條，上面寫著：

「打球可以讓我們更健康。體育老師說，運動可以促進多巴胺、血清素等神經傳導素的分泌，能為專注力與正向情緒加分。打球可以讓我們減輕壓力，思考未來的抱負。打球可以讓我們上課更有精神，功課也會變好；快樂打球可以讓我們養成運動的好習慣。」

老師說：「你們為自己的需要，爭取到你們的想要。去打球吧。但前提是，上課要準時回到教室。」

### 鍾老師教室

學校裡許多聽話守規矩、中上程度的同學，但個人表現並不突出，所以常會被老師或同學忽略；因而很多賽事也與他們無緣。這次球隊讓班上每個孩子都輪流上場體驗賽事，讓我很感動，也讓我開始對這一類的同學特別注意，除了尋找適合他們學習的方法與活動之外，也更主動讚揚他們。希望能讓每個學生都在合適的環境中，發揮所長，展露自信。

## 理解孩子，爸爸媽媽可以這樣做

曾聽別人說過，當你把自己的快樂分享給別人時，就變成了二份快樂，當你把自己的煩惱分享給別人時，煩惱就減少了一半。要成為一個人人都想找的分享對象，不是一件容易的事，爸爸媽媽可以依照下列的方法，引導孩子成為一個有人緣的人。

1. 懂得傾聽。傾聽是達成良好溝通的第一步，也是雙方建立信任開始。傾聽的習慣對於良好人際關係的重要，就好像高樓大廈必須要有堅定穩固的地基一樣。當他人與自己分享時，聽者須暫時走出自己的思維邏輯，進入對方的經驗世界，集中注意、表現出有興致、關懷、用心體會，不僅聽進分享者所說的話，而且還適時予以肯定。

2. 真心接納自己和他人的優點。《你很特別》雖然只是一本童書，卻是每個人都應該好好閱讀的故事，從故事中，可以清楚的發現，原來人很容易憑自己的主觀與偏見判斷他人，更容易錯誤地只靠別人的眼光來認識自己、否定自己。所以我們必須學會接納自己和他人的價值，如此才能張開雙臂迎接未來的挑戰。

3. 回饋。有人緣的人，與分享者互動時，善於適時回答問題。回饋分享者，開口說話，除非對方要求，不會搶著給建議，而回答問題時，看著分享者的眼睛，微笑地說出自己的想法，這樣的舉動，會讓分享者感到受尊重與支持。

## 陪伴沒有距離

我習慣在下課時間，坐在教室後方，做我自己的事，但看著學生們。中午吃飯時，和同學一起抬餐盒，共用午餐。打掃時間，我也站在花園旁，看他們掃樹葉、撿垃圾。時時刻刻陪在他們身邊，只要一發現孩子們一些不好的習慣和行為，比如站姿三七步、單手拿東西給他人、言語不雅、同學過分的玩鬧，就能及時勸阻導正，而且效果很棒。

今年的教師節，我收到一個令我永生難忘的禮物；同時也欣慰自己的付出有了回饋。當天，學校舉辦了一系列的敬師感恩活動，場面很熱烈也很感人。回到班上，離放學的時間還有十五分鐘，我走向了講台，立正站好，向台下的同學深深的九十度鞠躬。抬起頭，我說了一聲「對不起」，隨後細數我做得不夠好的項目，及要修正的方向與作法。我明白的告訴學生，老師應該是學生尊重的公僕，只要學生有需要，老師一定協助達成。目前老師還沒有做得很好，教師節對老師的祝福放在心上就好了。

走出教室，到停車場開車時，看到車頂上貼滿了學生的祝福與感恩小卡片，令我感動的想哭，也佩服孩子的創意。

車窗上的B4彩色紙上寫著：

「親愛的鍾滿振老師，在班級共同生活了一年，我們從稚嫩的小樹，長大至成熟的大樹。春天，您教我們體會大地之美。夏天，您要我們學習如何不畏艱難的迎向驕陽。秋天，您教導我們一步一步繪製夢想的藍圖。冬天，您關心全班同學的身心，怕我們在嚴寒的世界裡，會受到折磨。您的笑容有如明朗的太陽，照亮班上學子們的心房，您的關懷有如甜蜜的蜜糖，為苦味的課程增添了一些趣味。千言萬語也不足以表達我們的感謝，全班只能在這個重大日子裡，獻上我們滿溢的心意。老師，祝您教師節快樂。」

我花了許多時間，把大小卡片一一拆下收好，雖然很佩服學生的創意和要表達感恩的心，但一想到還要清理車窗與車頂的粘膠，還是忍不住想抱怨一下，孩子們，雖然老師很感動，但清理真的很辛苦。

## 鍾老師教室

智慧的三元理論，一直引導著我成長。

智慧的後設部件是執行的歷程；成就表現部件是執行的策略；知識獲得的部件是學習所用到的歷程。

一個部件的子理論，將智慧與個人內在世界連接起來。

一個經驗的子理論，將智慧與個人內在與外面的世界連接起來。

一個情境的子理論，將智慧與個人外在世界連接起來。

陪伴孩子，我試著理解智慧三元理論，找出雙贏且能自我成長的方法：

1. 抑制本能的反應，去思考比較好的反應，是高品質教導學生成長的重要關鍵。
2. 最理想的處理問題態度，是強調時間的分配，而不是強調解決各種不同問題的速度。
3. 處理面對傳來的訊息，關鍵不在經驗，而是在如何從經驗中學習成長，成就專業。

## 理解孩子，爸爸媽媽可以這樣做

很多孩子經常有意無意透露出他們的需要，有些孩子則會直接提出要求，面對這些需求，建議父母不要一口答應或斷然拒絕，先聽聽孩子們為什麼會有這樣的需求。

比如，孩子吵著要一支新的蘋果手機，不要嚴厲拒絕，或是用考試成績來交換；先詢問孩子為什麼想要，再適時的對談，就可以了解孩子的需要與想要，並給予適合的補強與協助。

孩子們很快就長大了，陪伴孩子成長絕對是一件最重要的事，尤其關鍵的青少年階段，更需要父母用愛來守護他們。

建議每一位爸爸媽媽重新檢視家庭的狀況，試著從「賺錢養家」以及「陪伴孩子」這兩件事中，找出平衡點。

# 後記

擔任體育班導師是個意外。七月中旬接到學校的臨時通知，要我接任體育班的導師。學務主任告訴我這些孩子的狀況：「這個班的成員來自六個不同的小學，球技還不錯，所以在小學時花了很多時間在比賽，擔誤了很多本來要學的課業。而且這些孩子活潑好動，生活常規必須要花多一點的時間與精力去整合管理。」

學校新生報到當日，負責監考智力測驗的老師氣沖沖地回到辦公室。「大部分孩子寫不到十分鐘就趴在桌上睡覺，沒有睡覺的同學根本坐不住，我糾正他們，他們還頂嘴，很難控制。」

暑假的新生始業輔導，是我接任體育班導師和學生第一次接觸。上午第一個事件就發生了，有六位同學集體霸凌一位同學。據調查是因為互嗆所引起的爭端，被霸凌的同學哭著來找我。我把七個孩子都叫來問清楚，彼此都在指責對方的不是，你一言我一語，我還是沒能聽懂原委，就叫他們把事情經過用筆寫下來。

半個小時過去了，七個同學，寫最多的只有三行，約五十個字。如果用五十個字就可以把這件霸凌的事件交代清楚，也是一件很讚的事。無奈不僅文詞不通，還有超過十個以上的錯別字，而且是非常不可思議的錯誤。由此判斷，孩子的學業能力可能大都停留在小學三年級。

這次的言語霸凌事件，由於大家都有錯，我要孩子們相互道歉，並承諾下次不會再犯。

## 改變一個壞習慣，就能前進一步

棒球的精神與禮儀，教練都奉為最高指導原則，並且嚴格執行。

到球場後，同學要協力把球與球具搬下裝備車，在球場上擺放整齊。在熱身前，球隊隊長會集合全體隊員，集體向球場問好。其實棒球班的孩子在球場上很守紀律與規矩。規律的生活、充足的營養、紮實的訓練，這三點每一個孩子都奉為圭臬，缺一不可。在這種高標準的要求之下，每一個隊員都能遵守，可是為什麼一離開球場就忘了？

原來大部分孩子的課業普遍都不太好，對自己沒有自信，加上精力充沛，所以上課時聽不懂，無事可做，不是睡覺就是搗蛋，加上老師沒有適時的引導，要掌控好這些小搗蛋，的確是件不容易的事。如何把孩子在球場上的精神與禮儀，成功複製到學校與家中，是生活習慣養成的重要關鍵。

針對棒球班孩子的特質，我花了一星期的時間，列出了學生的問題類型：

- 對自己的課業沒有信心，學業成就明顯落後，大部分的學生上課不專心，缺乏讀書的動力，和老師鬥嘴引以為樂，上課發呆、睡覺是常態。
- 書本和文具亂放，沒有做筆記的習慣，典型的上課一條蟲下課一條龍（而且是很吵的蟲跟龍）。
- 精力充沛，常和別人有肢體上的碰觸，下課追來追去，打來打去。
- 喜歡拿別人的名字做為挑釁工具，過動、好動，以和同學互嗆為樂，常一言不和就起爭執。
- 攜帶的球帶、書包隨意放置地上，脖子上經常掛有運動毛巾，一有時間就會揮舞毛巾或做投手投球練習。

● 愛喝含糖飲料及油炸零食，隨意丟垃圾，沒有習慣做資源回收，常常偷懶直接把可回收的東西丟進垃圾筒內，生活常規普遍不佳。
● 喜歡跟著同學瞎起哄，說話不知分寸沒大沒小，唯恐天下不亂，不高興就擺臉色。

高中職學校的球隊和球員僅國中小的一半，大學球隊僅高中職的五分之一，學生若沒有明確的生涯規劃，對未來的生涯發展會有阻礙。

經過一個學期的努力之後，學生的轉變老師看見了，家長看見了，他們自己也看見了。這種看見自己的力量，是內發，而且是孩子品格塑型的重要因素。現在班上的孩子，每天上學都會大聲和老師親切問好，而進教室的第一位孩子，也都會主動將門窗開至定位。養成了隨手清洗器具，資源回收的習慣。

孩子在校的各項表現，令所有老師、家長甚至是同學，刮目相看。才一個學期的時間，讓學生變得有氣質，而且聽話、懂事的核心概念是：讓孩子看見自己、認識自己。讓家長看見孩子、信任孩子。讓師長看見孩子、讚揚孩子。

## 改變從看見自己開始

以下分享我自己帶體育班的一些方法：

1. 每天做一點，持續就擁有強大的力量：每天陪學生練球，在球場上用文字與相片記錄孩子的成長；並定時放至社群粉絲頁，讓家長都能看到孩子的練習狀況；也讓孩子看到自己在球場上的身影，對提升孩子自信心有顯著的效益。

2. 每天到教室的第一件事就是看看每一個同學的臉色，這不僅可以了解孩子昨天是否有睡好，今天的心情如何，及時掌握，及時協助。晚上回想今天在學校有哪些要調整、修正、改進的部分，用紙筆記錄下來。

3. 訂定合宜的班規，師生合作確實執行：七年級學生剛入校時，老師如果能了解孩子的特質，明訂班上學生應遵守的準則，且不打折扣的確實執行，學生的可塑性超過八成。

4. 善用生活學習記錄本，記錄孩子的臉色、態度、與生活學習狀況：認識每一個孩子的特質，每天不厭其煩的去調正、修正，潛移默化中讓孩子自發性的習慣成自然，養成好習慣，享受好習慣。同時將孩子的照片製作成年曆、月曆與學生成長影片，讓家長了解孩子的優質。

5. 每日中午用餐時間，輪流播放英文聽力練習與棒球週報，鼓勵同學努力求學、見賢思齊。而棒球隊總教練也都會陪學生吃飯，督促學生的飲食均衡，並教導孩子愛物惜物之心。

6. 在班上設置意見箱，鼓勵孩子勇於表達，提出建議。把表現好的事或不對的事都說出來，包含班級需要改進或老師沒有注意到的問題。

7. 運用學生在球場守紀律的特性，借力使用：結合教練與科任老師的力量，讓孩子看到自己在球場上的紀律與自信，進而複製到學校、家庭的生活與學習。

8. 國中是孩子品格塑型的重要階段，讓學生知道老師的所有要求，都是為了要對他們的品格塑型，共同建立師生互信與互助的機制。

9. 建立球場紀律，進入與離開教室都要尊敬，並擁有強烈的學習欲望：與科任教師建立默契，一致要求學生上課要抄筆記，不可以趴在桌上，上課講話要舉手，建立規則與標準。

10. 看見老師的笑容，看見孩子笑容，提升自信心，強化競爭力：隨時讓學生知道自己在做什麼，當家長知道孩子在做什麼，讓師長知道學生在做什麼。

滑翔機和飛機遠望非常相似，都能在天空翱翔，差別是，滑翔機本身沒有動力，無法獨立飛行，它靠的是風力，在空中遇到亂流很容易摔落。但是飛機有動力，可以隨機應變而平安降落。

孩子都同時具備了滑翔機和飛機的能力，前者是被動獲得知識，後者是主動發明、發現。在孩子的成長歷程裡，家長可以幫孩子塑造同時擁有滑翔機的能力與獨立飛行的環境，就好像幫他建造一條屬於他自己的路，孩子會順著這條路向前行。

路途或許會有一些拉力，這些拉力對孩子有利或有害很難判斷，但只要父母陪伴在孩子身邊，適時給一些建議或協助，孩子就會順著您所規畫的步伐前進。

自懂事以來，我的生活一直是關關難過，關關過，一路走來遇到了很多的貴人，自己也慢慢的學習成長，雖然能力有限，還是會要求自己盡心盡力貢獻所知、所學。

教學的歷練與體驗中，我一直都明白：學生的不良習慣與偏差行為，等到老師發現糾正、送學務處、寫行為紀錄表、記警告、記過等等，往往已緩不濟急。此時孩子不適宜的習慣與偏差的價值觀通常已經養成，強壓的訓輔補強，只會讓錯誤隱藏在黑暗中，慢慢長大，直到無法控制。所以教導孩子必須要以身作則，而陪伴孩子成長的過程中，更需細心的引導孩子建構良好的習慣和正確的價值觀。

**國家圖書館出版品預行編目資料**

我的孩子不太乖：從幫派小孩到正向管教特優老師教你陪伴刺蝟少年走過青春期/ 鍾滿振著. -- 初版. -- 臺北市：商周出版：家庭傳媒城邦分公司發行, 2015.06
面； 公分. --

ISBN 978-986-272-806-2(平裝)

1.班級經營 2.中等教育

524.6 104007645

商周教育館 02

# 我的孩子不太乖（改版）：

## 從幫派小孩到正向管教特優老師教你陪伴刺蝟少年走過青春期

**作　　者**／鍾滿振
**企劃選書**／黃靖卉
**責任編輯**／彭子宸

**版　　權**／黃淑敏、吳亭儀、劉瑢慈
**行銷業務**／周佑潔、黃崇華、張媖茜
**總 編 輯**／黃靖卉
**總 經 理**／彭之琬
**事業群總經理**／黃淑貞
**發 行 人**／何飛鵬
**法律顧問**／元禾法律事務所 王子文律師
**出　　版**／商周出版
台北市104民生東路二段141號9樓
電話：(02) 25007008　傳眞：(02)25007759
E-mail：bwp.service@cite.com.tw
**發　　行**／英屬蓋曼群島商家庭傳媒股份有限公司城邦分公司
台北市中山區民生東路二段141號2樓
書虫客服服務專線：02-25007718；25007719
服務時間：週一至週五上午09:30-12:00；下午13:30-17:00
24小時傳眞專線：02-25001990；25001991
劃撥帳號：19863813；戶名：書虫股份有限公司
讀者服務信箱：service@readingclub.com.tw
城邦讀書花園：www.cite.com.tw
**香港發行所**／城邦（香港）出版集團
香港灣仔駱克道 193 號東超商業中心 1F E-mail : hkcite@biznetvigator.com
電話：(852) 25086231　傳眞：(852) 25789337
**馬新發行所**／城邦（馬新）出版集團【Cite (M) Sdn Bhd】
41, Jalan Radin Anum, Bandar Baru Sri Petaling,
57000 Kuala Lumpur, Malaysia.
電話：(603) 90578822　傳眞：(603) 90576622 Email: cite@cite.com.my

**封面設計**／張燕儀
**排　　版**／極翔企業有限公司
**印　　刷**／中原造像股份有限公司
**總 經 銷**／聯合發行股份有限公司
地址：新北市231新店區寶橋路235巷6弄6號2樓
電話：(02)2917-8022 傳眞：(02)2911-0053

■2015年06月04日初版　2020年10月8日二版一刷
ISBN 978-986-272-806-2 Printed in Taiwan
**定價300元**

城邦讀書花園
www.cite.com.tw

商周出版

| 廣　告　回　函 |
|---|
| 北區郵政管理登記證 |
| 北臺字第000791號 |
| 郵資已付，免貼郵票 |

104　台北市民生東路二段141號2樓

英屬蓋曼群島商家庭傳媒股份有限公司城邦分公司　收

請沿虛線對摺，謝謝！

商周出版

書號：BUE002X　　書名：我的孩子不太乖(改版)　　編碼：

請於此處用膠水黏貼

商周出版

# 讀者回函卡

感謝您購買我們出版的書籍！請費心填寫此回函卡，我們將不定期寄上城邦集團最新的出版訊息。

不定期好禮相贈！
立即加入：商周出版
Facebook 粉絲團

姓名：________________ 性別：□男 □女

生日：西元________年________月________日

地址：________________

聯絡電話：________________ 傳真：________________

E-mail ：

學歷：□ 1. 小學 □ 2. 國中 □ 3. 高中 □ 4. 大學 □ 5. 研究所以上

職業：□ 1. 學生 □ 2. 軍公教 □ 3. 服務 □ 4. 金融 □ 5. 製造 □ 6. 資訊
□ 7. 傳播 □ 8. 自由業 □ 9. 農漁牧 □ 10. 家管 □ 11. 退休
□ 12. 其他________________

您從何種方式得知本書消息？

□ 1. 書店 □ 2. 網路 □ 3. 報紙 □ 4. 雜誌 □ 5. 廣播 □ 6. 電視
□ 7. 親友推薦 □ 8. 其他________________

您通常以何種方式購書？

□ 1. 書店 □ 2. 網路 □ 3. 傳真訂購 □ 4. 郵局劃撥 □ 5. 其他______

您喜歡閱讀那些類別的書籍？

□ 1. 財經商業 □ 2. 自然科學 □ 3. 歷史 □ 4. 法律 □ 5. 文學
□ 6. 休閒旅遊 □ 7. 小說 □ 8. 人物傳記 □ 9. 生活、勵志 □ 10. 其他

對我們的建議：________________

________________

________________



請於此處用膠水黏貼